基础教育改革与教师专业发展丛书

班主任工作系列

班主任班级管理实务

BANZHUREN BANJI GUANLI SHIWU

王守恒　但柳松◎编著

安徽师范大学出版社

责任编辑:沈　非　祝凤霞
装帧设计:丁奕奕

图书在版编目(CIP)数据

班主任班级管理实务 / 王守恒,但柳松编著.—芜湖:安徽师范大学出版社,2013.6(2014.4重印)
(基础教育改革与教师专业发展丛书)
ISBN 978-7-5676-0299-1
Ⅰ.①班… Ⅱ.①王… ②但… Ⅲ.①中小学－班主任工作②中小学－班级－学校管理 Ⅳ.①G635.16②G632.421

中国版本图书馆CIP数据核字(2012)第319347号

班主任班级管理实务
王守恒　但柳松　编著

出版发行:安徽师范大学出版社
芜湖市九华南路189号安徽师范大学花津校区　　邮政编码:241002
网　　址:http://www.ahnupress.com/
发 行 部:0553-3883578　5910327　5910310(传真)　　E-mail:asdcbsfxb@126.com
经　　销:全国新华书店
印　　刷:安徽芜湖新华印务有限责任公司
版　　次:2013年6月第1版
印　　次:2014年4月第2次印刷
规　　格:787×960　1/16
印　　张:13
字　　数:199千
书　　号:ISBN 978-7-5676-0299-1
定　　价:23.00元

基础教育改革与教师专业发展丛书编委会

总 序

“教育改革”在当下是一个出现频率非常高的概念，这种语言现象所反映的正是教育实践的客观现实。伴随着经济全球化、信息化和网络化的迅猛发展，世界范围的教育改革正一浪高过一浪，教育改革正成为一项持续不断的教育实践活动。可以说，变革已成为当代教育的一个典型特征。

同样，改革也是我国当代基础教育领域蓬勃发展的重要驱动轴。近年来，基础教育改革正在各个层面全面展开：在课程领域，综合课程、活动课程、微型课程、模块课程等正在逐步取得与学科课程同等的地位，并对促进学生的全面发展发挥着不可替代的作用；在教学领域，诸如探究式教学、互动式教学、学生自主学习、合作学习等一系列新的教学方式和学习方式也正在逐步取代某些传统的教学方式和学习方式，被师生广泛运用于教学过程之中；在德育领域，一方面，某些陈旧落后的德育理念和模式正在为人们所摒弃，另一方面，多种新的德育理念和模式正在受到教育理论工作者和实践工作者的广泛关注并在学校德育实践中进行尝试和经受检验；在教育评价领域，传统的评价理念和范式同样日益受到人们的质疑与批判，与此同时，各种新的评价理念和范式层出不穷并被师生普遍接受和运用。

基础教育改革不仅使学校生活、师生关系和课堂面貌等发生了重要变化，也向广大教育实践工作者提出了新的更高的要求。持续不断的基础教育改革,使每一个投身于教育实践工作的人都面临着一系列无法回避的挑战。这种挑战,既意味着教育实践工作者不得不正视和思考教育改革带来的各种新的问题,同时也意味着他们在面对不断变化的教育实践情境时,必须采取适当、合理的因应与行动。

教育大计,教师为本;有好的教师,才有好的教育。这既是基础教育改革实践的强烈诉求,同时也是理性认识基础教育改革所形成的共识。好的教师,才有可能既娴熟自如地驾驭教育教学活动,最大限度地促进学生的发展,同时又能够有效地应对社会和教育发展所带来的各种新变化、新要求,成为教育改革的参与者和"弄潮儿"。好的教师由何而来呢?也许人们对这一问题有着各自不同的认识,也许不同的教师其成长的过程和方式各有差异,但可以肯定的是,好的教师既需要经受教育实践的历练,需要教育实践给予其充分展现的机会,同时,也需要接受教育理论的滋养,需要对教育教学的本质和规律性有着正确的认知和把握。

与教育实践工作者相同的是,教育理论工作者也正在面对教改所带来的诸多挑战。基础教育改革的蓬勃展开,也必然会对教育理论工作者提出如何恰当地回应教育改革、如何研究和解决教育改革中出现的各种新问题、如何引领教育改革的发展方向等诸多问题。可以说,在教育改革持续展开的背景下,教育理论工作者正面临着双重任务:一是必须及时研究和探索教育改革中不断出现的新情况、新进展,发现制约改革的各种因素和变量,揭示和分析教育改革发生发展的特点和规律;二是必须观照教育改革参与者特别是中小学教师的实践诉求,通过对教育改革实践的理论阐述,引领他们更加理性、有效地处理改革实践中所遇到的种种现实问题。

我们欣慰地看到，当前，已有很多学者对基础教育改革的一系列重要问题进行了深入的研究和探讨，从多角度、多方位提出了诸多有关教育改革的真知灼见，展示了学者们对教育改革实践的理性认识。然而，如何将这些理性认识转变为教育改革实践的理性行动，却需要做一番综合与转化工作。所谓综合，就是要对不同的理论研究成果，根据教育实践的逻辑，重新进行组合与梳理，以形成更加适合于教育实践的知识体系；所谓转化，则是要通过对知识的再加工和再创造，将原本用于精确表达思想和观念的科学话语体系，转变成实践话语体系，从而更加适合教育改革实践的需要。而本套丛书所努力达成的，就是这样的一个目标。我们期待我们所做的综合与转化的努力，能够产生切实的实践效果。

教育改革既涉及宏观层面，也涉及微观层面。仅有宏观层面的努力而缺失微观层面的配合与行动，教育改革不可能取得成功。宏观层面的教育改革主要是由政府来决定和实施，而微观层面的改革不仅需要政府的介入，更需要教育实践工作者的实际行动。我们编写这套丛书，主要的目标是指向微观层面，指向中小学教师的教育教学实践。丛书涉及当前基础教育改革和教师专业发展的诸多领域，主要针对当前基础教育改革和教师专业发展中所遇到或将要遇到的一系列问题而编写，以问题作为研究和讨论中心。我们期望通过聚焦教育改革实践中遇到的各种实际问题，借鉴中外教育改革的研究成果和成功经验，为教育实践工作者正确地认识和把握这些具体的实际问题提供指导和帮助。

本丛书主要包括教师专业发展系列、基础教育改革与学生发展系列、新课程教学探索系列、班主任工作系列、心理健康教育系列、教师专业标准系列等，读者对象主要是广大中小学教师。丛书的定位是理论与实际有机结合、介于学术著作和通俗读物之间，既注意吸收相关学科领域的最新成果，反映教育教学研究的前沿动态，又注重贴近中小学教师的工作和生活，对目前我国基础教育的实际以及教改实施与进展的状况进行分析和探讨，注重解决读者在实践中遇到的问题或困惑，努力做到科学性、前沿性、实用性的统一。丛书内容通俗易懂，深入浅出，每册书在内容上不求大而全，不求面面俱到，而是突出重点，将关注教师的需求放在第一位，尽可能为他们提供有针对性的思想和理论的引领，给他们以实践操作的启发。

我们相信本套丛书的出版，能让广大一线中小学教师获得所需的知识和有益的启示，对学校的进步、教师的发展和学生的成长发挥建设性的指导作用，为促进教育改革和教师发展增添些许动力。我们也期待着本丛书的出版，能够为师范院校相关学科的教学与研究提供更为丰富的素材，从而推动教师教育质量的不断提升。

编委会

二〇一三年一月

目　录

前言

基础教育是以改善民生为旨归的社会建设的奠基工程，对提高中华民族素质、培养各级各类人才、促进社会主义现代化建设具有全局性、基础性和先导性作用。由于中小学生身心发展的特点，班主任工作在基础教育阶段具有十分重要的意义，加强班主任队伍建设是做好基础教育工作的重要前提。

《国家中长期教育改革和发展规划纲要（2010—2020年）》指出：教育大计，教师为本。有好的教师，才有好的教育。提高教师地位，维护教师权益，改善教师待遇，使教师成为受人尊重的职业。严格教师资质，提升教师素质，努力造就一支师德高尚、业务精湛、结构合理、充满活力的高素质专业化教师队伍。加强校长培训，重视辅导员和班主任培训。2009年，教育部发布《中小学班主任工作规定》，提出：班主任是中小学日常思想道德教育和学生管理工作的主要实施者，是中小学生健康成长的引领者，班主任要努力成为中小学生的人生导师。班主任是中小学的重要岗位，从事班主任工作是中小学教师的重要职责。教师担任班主任期间应将班主任工作作为主业。加强班主任队伍建设是坚持育人为本、德育为先的重要体现。

班主任对于学生的全面发展、学校教育教学质量的提高具有不可替代的重要作用。当前我国正处于贯彻《国家中长期教育改革和发展规划纲要（2010—2020年）》、全面实施素质教育的关键阶段，班主任工作显得尤为重要。然而，随着经济社会的巨大发展变化，班主任工作面临着严峻的挑战：信息化社会较大程度地削弱了班主任的权威；社会价值观念的多元化增加了思想教育工作的难度；激烈的社会竞争导致了不断攀升的升学竞争压力；家庭环境日益复杂化形成了更多异质化的学生群体；课程改革为班级管理提出了新的更高要求;等等。

班级管理是班主任的中心工作,也是班级所有其他工作的基础。只有通过有效的班级管理,把一个几十名学生组成的群体,打造成一个具有高度凝聚力和战斗力的群体,才能为教育教学质量的提高提供良好的条件。为帮助中小学班主任迎接时代的挑战,更好地履行班主任的职责、完成班级管理的任务,我们编写了这本书。本书主要作为在职班主任进修、提升管理水平的参考书,也可以作为新任班主任的职前培训用书。

本书是我与但柳松副教授合作研究、撰写的成果。由我提出编写大纲,然后根据分工分别撰写有关章节。在编写过程中,参考和借鉴了有关论文、论著与教材,吸收了许多专家、学者的研究成果,得到了安徽师范大学出版社领导的大力支持,陈敏等同学在资料的搜集和整理上付出了辛勤劳动,在此表示衷心感谢!

限于编者水平,本书难免存在疏漏、不足之处,敬请专家学者、同行批评指正。

王守恒

2012年11月于安师大凤凰山

第一章　导论:班主任与班级管理

第一节　班级管理概论

一、班级管理的概念

“班级”是为了开展学校教育,使其在制度上成为一定的教育单位所编制的校内团体。“管理”则是有目的、有意识地对事、人、财、物的不断协调的综合性活动,它是按照一定目标,通过计划、实施、检查、总结等过程来进行的。对于“班级管理”,目前还没有统一的界定。国内对于班级管理概念的界定有以下几种观点:一是班级管理是班级管理者根据一定的要求和原则,采取适当的方法,调节、整顿某一团体的教育条件,有效地推进有计划的教育的行为[①]。二是班级管理是指班级管理者带领班级学生按照班级管理规律的要求,为实现班级工作目标而进行的一系列职能活动。三是班级管理是班主任按照一定的要求和原则,采取适当的方法,建构良好的班级集体,为实现共同目标不断进行调整和协调的综合性活动,是班主任对所带班级的学生的思想、品德、学习、生活、劳动、课外活动等项工作的管理教育活动。西方国家常称班级管理为“教室管理”。美国教育行政专家古柏列说:“教育行政集中于三种人的工作:第一种是教室内的教师,管理学校教室内的工作;第二种是学校的校长,主管一校的组织行政监督事宜;第三种是教育行政机关的长官,担负许多学校的组织行政与监督之责。”我们认为,班级管理相当于古柏列所说的第一种教育管理。

---

① 钟启泉.班级管理论[M].上海:上海教育出版社,2001:218.

综上所述，在本书中，我们将班级管理定义为班级管理者遵循班级管理的规律，运用适当的方法，创建一种良好的班级环境，使学生在班级组织里高效率地完成既定教育目标的过程，是为实现班级工作目标而进行的一系列职能活动，也是实现班级教育目标和管理目标的一种重要手段。

班级管理有两种模式。一种是封闭型管理模式。此种模式下，教师把班级独立出来，另行管理，把班级变成自己的独立王国，以自己的意志代替整个班级的意志。班级管理者将班里的每个同学的每一件小事都挂在心上，亲力亲为。从表面上看这样能鼓舞几个固定的班干部的积极性，班级也显得秩序井然，但是实际上这种班级管理会伤害未成为班干部的大多数学生的自主性和协同性。从大多数人的学习和成长来看，这种管理模式难以培养学生的个性、创造性和积极性。所以，这种管理只能以失败告终。另一种是开放型管理模式。这种模式有两层意思：一层意思是指班级管理者与学生们保持良好的交流关系，使学生能在班级中发挥主体作用，管理方式比较民主；另一层意思是指班级管理与年级管理、学校管理保持良好的交流关系。这样，学校管理的目标和方针将得到具体体现，管理上的一些障碍和问题能通过讨论和协商的方式加以解决，班级中的所有成员都能获得一个适当的位置，每个人都能通过这种方式获得一种“存在感”。学生因此得以重新认识自己的潜力，这种方式被称为“从成长的角度出发”的“一人一个角色的全体参与方式”①。

二、班级管理的特点

（一）过程的教育性

班级管理的起点、过程和归宿都是以教育为宗旨，教育的意义和要求贯穿着整个班级管理活动。所以，班级管理的全过程同时也是对学生进行教育活动的全过程。这是班级管理活动的突出特点。

德国教育家雅思贝尔斯说，教育是人的灵魂的教育，所谓教育，不过是人与人的主体间灵肉交流活动（尤其是老一代对年轻一代），包括知识

① 张人杰.国外教育社会学基本文选[M].上海：华东师范大学出版社，1989：533.

内容的传授、生命内涵的领悟、意志行为的规范,并通过文化传递功能,将文化遗产教给年轻一代,使他们自由地生成,并启迪其自由天性[①]。人的培养过程不同于物的生产过程,学校的管理要有利于学生的发展,符合学生长身体、长知识并逐步形成世界观的特点。班级管理目标的实现,也是教育目标的实现,所以班级管理的活动必然是教育的活动,班级管理的内容是以使学生健康和谐发展为核心的。无论是班级管理活动的设计和开展,还是班级活动的具体安排,都与教育学生相关。

学校的一切活动都是围绕教育学生展开的,班级管理活动的宗旨也是这种"教育"的有机组成部分。这一特性既说明了班级管理的教育意义,也说明了班级管理的性质。学生的成长和发展是班级管理成效的体现,班主任在实施班级管理的活动中要切实认识到这一点。

(二)方法的多样性

方法对于做好管理工作的作用是不言而喻的,班级管理工作尤其要注意方法问题。在班级管理中,方法的单一化、简单化、模式化,会使管理工作难以取得效果,甚至失败。也就是说,班级管理工作中,即使有好的计划和内容,也可能因为方法不当而造成工作的失败。方法的多样性是班级管理的又一特点。首先,班级管理的方法必须适合青少年学生的特点,使他们能够接受且愿意接受。其次,管理方法必须不断创新和变化,这是班级管理的生命力所在。另外,班级管理是通过多种渠道进行的,是多种内容的管理,所以这也就要求方法具有多样性。

(三)内容的丰富性

在一个班级里,虽然班级管理的空间小,但是其内容是极为广泛和丰富的。班级管理的广泛性主要是指班级管理涉及面很广。这体现在教育内容和工作内容的多方面上,班级管理工作繁杂琐碎,不定因素较多。从时空上看,包括课内课外、校内校外;从内容上看,包括各种活动的组织和实施,如班主任对学生、班级事务、班级环境的管理以及对家长工作的管

---

① 雅思贝尔斯.什么是教育[M].邹进,译.上海:生活·读书·新知三联书店,1991:3-4.

理等。

班级管理活动内容的广泛性还体现在班主任对学生的要求上。班主任对学生的要求越高，对学生的要求越全面，班级管理的内容就随之增多。因此，班级管理的内容越广泛，学生受益越多。

（四）对象的不成熟性

班级管理的对象一般是6～18岁的中小学生。他们正处于长身体、长知识、积累经验、学习做人的时期，尚不具备"独立"生活能力和经验，对许多问题的认识都有偏颇，有时做事欠考虑、易偏激。这就决定了班级管理的又一个突出特点，即管理对象的不成熟性。因此，班主任在班级管理工作中，要从管理对象的特点出发，避免搬用管理成人的方式和方法。班级管理对象的这种不成熟性，决定了班级管理工作中，班主任既不能包办替代，又不能完全放手不管。班主任如果过于看重学生的"不成熟"，就会在不放心中实施班级管理，凡事包办替代，束缚了学生的主动性，不利于学生的成长；班主任如果忽视管理对象的"不成熟"，完全放手，容易使学生行为失控。

三、班级管理的任务

（一）促进学生的社会化，实现育人的功能

从班级管理的功能来看，班级可被看成是一个社会化的机构，要帮助青少年成为自主的社会人。所以，班级的一个重要任务就是促进学生的社会化，即班级管理者要按照一定的社会要求，以班级的组织目标为导向，通过教育、教学等多种途径，将社会系统的价值体系传输给班级成员，使青少年从"自然人"转化为"社会人"。

（二）落实学校管理目标，采取各项措施保证其顺利实施

班级管理要根据学校教育目标和管理目标来明确班级管理目标（远期、中期、近期），这样才能实现社会对学校的要求，为社会培养人才。班级管理工作计划是班级管理目标的具体化，班级管理目标的确定，应当具

备规定性、创造性，同时，也要有广泛的学生基础。班级管理目标和工作计划应当尽可能完善，这样才容易贴近学生，便于实施。班级管理者还要创设优良的班级秩序、环境和班风等，从而保证班级各项工作的贯彻落实。

（三）协调任课教师、家长及相关方面共同做好班级工作

班级集体是学校的一个基本单位，班级集体通过学生与每个学生的家庭产生各种各样的联系。班级的这一特点决定了班级管理离不开学校各部门，离不开任课教师，也需要学生家长的共同协助。班主任为建设一个良好的班级集体，就必须做好各方面的协调工作，以形成教育的合力。

（四）做好班级的日常工作

班级的日常工作是班级管理的重要内容。如果忽视日常工作的管理，则会导致班级的混乱和不协调，从而影响班级管理目标的实现。班级管理涉及的内容很多，且可能都是些“小”事情。面对这样的小事情，如果班主任不及时处理就会形成一种不良的后果，所以不可忽视日常的管理工作。当然，班主任也不能总把自己陷于这些具体矛盾中，应深入思索对班级管理有规律和普遍意义的方法。总而言之，要做好班级管理工作，既要抓住主要矛盾，又要从小处着手，不出疏漏。

四、班级管理的意义

（一）班级管理是学校各项工作的基础

班级管理活动既要贯彻实施学校的管理意图，又是学校工作运转的基本部分。学校的工作计划和要求都要通过班级工作来实施和具体体现。班级管理是学校管理活动的具体化环节，每个班级都是学校不可缺少的组成部分。班级管理是学校管理的基础步骤，学校的工作应从班级工作做起，因为学生的活动基本上都是在班级内进行的。因此，只有通过高效的班级管理，学校工作才能有整体的提高和稳定的发展。

(二)班级管理是教育活动顺利开展的保证

发挥教育的作用是班级管理的核心目的和灵魂,班级管理的过程即教育的过程。因此,开展对学生的教育活动,就必须加强班级管理工作。从班级管理的目标看,班级管理是为达到一定的教育目的而展开的;从班级管理的内容看,班级管理是教育活动内容的安排和设置,体现教育的要求;从班级管理的过程看,班级管理是多种教育活动的积累;从班级管理的方法看,班级管理是以调动学生的积极性为前提,力求使每个学生都能更好地受到教育。

总而言之,班级管理活动是开展教育活动的保证,管理不到位、缺乏力度或失误,会造成教育的不到位、缺乏力度或失误。这使我们认识到,班级管理的宗旨是教育,若为了“管理”而“管理”,为了对付学生而盲目地“管”学生,都与班级管理的意义相违背。

(三)班级管理是班集体建设的基本手段

建设一个良好的班集体要做好组织工作和教育工作,同时也要做大量的沟通和协调工作,还要做调节和监督工作。班主任对班级的管理正是通过这些工作来实施的。一个班集体的正常发展和基本特点的形成,必须有科学的、有力的管理工作。一个班级的面貌体现着班级管理的成效,只有在高效的班级管理中,班集体的建设才成为可能。

作为班集体建设的基本手段,班级管理是通过教育学生达到管理目的的。提高学生的基本觉悟才能实现集体的形成,促进学生的不断成长才能促成集体的发展,通过学生的努力才能取得集体的成效。因此,班集体的建设是基于学生因素变化的,而学生因素的变化又是通过管理进行教育的。班级管理作为班集体建设的基本手段,这种意义是相当广泛的,渗透在管理过程的各个方面。

第二节　班级组织概论

一、班级组织的概念

(一)班级组织概念的历史考察

班级组织是随着班级授课制的产生而形成的。中世纪末期,社会生产的发展要求更多的人接受教育,科学技术的发展需要教学有比较固定的结构与模式,教育者便采取了将相同年龄和相近知识经验的学生组织起来施教的教学方式。这种学生群体就是最初的班级组织。此后,班级授课制替代了个别教学,成为主要的教学组织形式,班级组织也成为师生从事教育活动及学校管理活动的基本单位。

17世纪,捷克教育家夸美纽斯为班级授课制的确立奠定了理论基础。他提出了"一个教师同时教很多学生是可能的"的假设,进而对课堂教学的课程、时空模式、班级组织等进行了界定。到了19世纪,德国教育家赫尔巴特提出的教育形式日趋规范。后来,苏联教育家凯洛夫集夸美纽斯、赫尔巴特之大成,提出了分科课程论、教师主导论和课堂教学的原则、环节等,构筑了班级授课制的教学论模式。1862年,清政府在北京开办京师同文馆,首次采用编班分级教学方式。1905年,清政府宣布废除科举制度,兴办采用班级授课制的学校。此后,全国各地逐步采用班级授课制。

(二)班级组织概念的界定

一个班的学生不是一群孩子的偶然汇合,而是按一定的教育目的、教学计划和教育要求组织起来的学生群体。但是,一个班的学生群体还不能称为真正的班集体,因为由班群体发展为班集体有一个过程,集体是群体发展的高级阶段。

我们把班级组织定义为:班级组织是一个有一定人数规模的学生集体,是学校根据一定的任务、按照一定的规章制度组织起来的有目标、有计划地执行管理和教育职能的正式群体。它既是开展教学活动的基层组织单位,又是学生生活及开展活动的集体单位,也是学校教育管理工作的基本单位。

二、班级组织的结构

班级是一种社会组织,其基本成员是班主任、教师(特指不担任班主任的任课教师)和学生,它通过师生相互影响的过程来达到预定的教育目标。

在一个班上,除了每个学生都必须参加的班群体以外,实际上还存在若干个比较正式和非正式的群体。若让学生自愿参加,每个学生参与的群体将大不一样,甚至有的学生实际参加的群体和他心目中向往的群体也不一致。这样,在班上便形成了复杂的人际关系和群体之间的关系,并深刻影响每一个学生志趣与品德的发展。因此,了解学生中各种群体的特点、作用及其相互关系,对做好班主任工作非常必要。

(一)正式群体与非正式群体

正式群体,是在学校行政部门、班主任或社会团体的领导下,按一定章程组织起来的学生群体。它通常包括:班学生群体、班共青团和少先队等,负责组织开展全班性的活动。此外,在一个班上还有为配合开展班集体活动、完成某一方面的任务而组织起来的学生小组,如班刊编辑小组、学科小组、文体小组、学习小组等,这也是一种正式群体。班学生正式群体和班集体是有严格区别的。班集体是由班正式群体发展而来的,而且班正式群体不止一个,因而必须予以区分。正式群体得到学校的支持,有班主任和有关教师的指导,它的目的与任务明确,成员稳定,有一定的组织纪律与工作计划,经常开展活动。正式群体如果组织、管理得好,就能有力地团结、教育全班学生共同前进,在全班学生的学习和生活中起重要作用。

非正式群体,是学生自发形成或组织起来的群体。它包括因志趣相同、感情融洽,或因邻居、亲友、老同学等关系以及其他需要而形成的学生群体。非正式群体也有其特点:大都自愿组合,成员性情相近、志趣相投,有共同的需要,由较有威信与能力者领头;三五成群,人数不等,规模一般偏小;活动由大家商量确定或由领头者根据大家需要而定,易调动成员的积极性;交往与活动频繁,有活力。但它一般没有正式的组织机构和长远的活动计划,其成员也不稳定,易受外部条件和内部人际关系变化的影响,特别是其主要成员的变化(如退出或有新成员加入)会严重影响它的活动,甚至导致群体解体与重组。非正式群体虽然是自发形成的、不稳定的和易变的,其存在时间也可能是短暂的,但它有活力,是学生学习、娱乐、生活和交往所必需的,可以弥补正式集体活动之不足。每个学生在班级集体活动之余,都需要过一些非正式的小群体生活。这不仅是个人的需要,而且使班集体生活充满友谊与欢乐。所以,非正式群体与正式群体共存,对学生的身心发展有不可忽视的作用。

班主任要公正、热情地对待各种学生群体,不可偏爱正式群体,非难、歧视和打击非正式群体。非正式群体固然有盲目、消极的一面。例如有的过分热衷于小群体活动而不关心班集体,不愿担负班级工作、参加集体活动;有的具有排他性,在班上闹不团结;有的则迷恋于吃喝玩乐,甚至搞恶作剧、违法乱纪。不过,只要班主任真诚地关怀和帮助他们,耐心细致地做工作,就可以缩小其不良影响,化消极因素为积极因素。如果班主任仅把非正式群体视为小圈子、小集团,横加打击,那将人为地迫使它与班级正式群体对立(主要是与班集体对立),严重影响班级活动的开展和班集体的发展。班主任要关心和尊重班级非正式群体,要看到它积极的一面;要善于引导非正式群体的发展,使它认同正式群体(包括班集体)的奋斗目标,把那些在非正式群体中涌现出来的有威信、有能力的学生选拔出来,负责正式群体中的适当工作。这样,就能使正式群体与非正式群体之间关系融洽、目标一致,为了集体的共同目标和利益,积极地发挥各自的作用。

(二)参照群体

参照群体是学生个人心目中向往和崇尚的群体,学生个人倾向于根据它的目标、标准和规范来确定自己的行为动机、调节自己的思想和行为。每个学生在生活中都将同时参加若干个正式的与非正式的群体,但并不把这些群体摆在同等重要的位置上,并不与其中的每一个群体在思想行为上都保持一致,而是按个人的价值观把它们排列成一定的顺序,分别加以对待。排在末尾的是被看成无关紧要的或毫无兴趣的甚至令人厌烦的群体,只有排在前面的一个或数个才是个人力图与其在思想、行为上保持一致的参照群体。

学生选择的参照群体往往大不一样,在内外各种因素影响下,学生选择的参照群体也会不断变化。低年级学生常以高年级学生组织的某些群体为参照群体,而高年级学生则多以社会上受尊敬的领袖人物、科学家、英雄模范或某个先进单位和集体为参照群体。另外,正处于青少年时期的学生可能不是以个人所属的群体、现实生活中的群体为参照群体,而是以文学、电影、电视或道听途说的主人公和团体作为自己追求的参照群体。因此,了解每一个学生的参照群体十分重要,由此可以了解学生的内心世界、志趣、价值观,从而预测学生的个性发展,有针对性地对他们进行引导和教育。

学生选择的参照群体与实际参加的学生正式群体往往不一致,因而给教育工作造成了极为复杂的情况。第一种情况是,学生以少先队、共青团、先进班集体、高年级优秀生乃至英雄与伟人为崇尚对象,这同学校教育和班集体的发展方向是一致的。班主任要帮助他们,使他们的追求更加自觉、明确、强烈。第二种情况是,学生以球队、武术队、科技小组或文学艺术团体为学习榜样,这就可能因迷恋有趣的活动、运动、游戏与文艺而同学校的要求和班集体的活动不一致,有时产生尖锐的矛盾与冲突。在这种情况下,班主任要善于因势利导、长善救失,发扬其积极因素、抑制其消极因素,根据学校的制度与纪律来安排、调节这些个人感兴趣的活动,以利于个人和集体的发展。第三种情况是,少数学生选择的参照群体具有极大的危害性而与教育要求背道而驰,对这种情况,班主任稍有觉察就要立即制止,并做好学生思想转变工作,以防止严重事态的发生。

有时,有的学生可能同时有两个性质相反的参照群体,他努力争取优异成绩,以自己的长处、优点掩饰其劣迹,这就是"尖子"学生犯罪问题的一个重要由来。这种情况十分隐蔽,较难防范。班主任只有系统、深入地了解学生,才能弄清学生选择的参照群体,了解他们的内心世界和追求,才能有的放矢地进行教育，及时地给予正确的引导。

三、班级组织的发展阶段

一个班几十个学生，从刚组建的群体发展为坚强的集体需要经历一个发展过程。这个过程可分为三个阶段。

（一）组建阶段

班级从组织上建立起来了，其核心和动力是班主任。他必须对学生提出明确的集体目的和应当遵守的制度与要求，并引导学生积极开展活动，促进集体的发展。这时集体对班主任有较大的依赖性，不能离开他的监督独立地执行他的要求。如果班主任不注意严格要求，班级就可能变得松弛、涣散。

（二）核心初步形成阶段

这一阶段的特点是：师生之间、生生之间有了一定的了解，产生了一定的友谊与信赖，学生积极分子不断涌现并团结在班主任周围，班级的组织与功能较健全，班级的核心初步形成，班主任与班委会一起履行集体的领导与教育职能。这时，班集体能够在班主任指导下积极组织和开展班级工作与活动；班主任开始从直接领导、指挥班级活动，逐步过渡到向他们提出建议，由班干部来组织开展集体的工作与活动。

（三）集体自主活动阶段

这一阶段的特点是：积极分子队伍壮大，学生普遍关心、热爱班集体，能积极承担集体的工作，参加集体的活动，维护集体的荣誉，形成正确的舆论与良好的班风。这时，班集体已形成，它已成为教育的主体，能主动地根据学校和班主任的要求以及班级实际情况，自觉地向集体成员提出任务与要求，自主地开展集体活动。

班集体的形成过程很复杂，往往很难把这三个阶段截然分开。但是，了解集体的发展阶段仍有助于我们认识班集体形成的规律，诊断出班级的发展阶段，以便采取措施，使其成为坚强的集体。

四、班级组织的特点

班级组织的管理具有一般管理过程的特点，是一个由计划、组织、检查、总结等环节组成的动态过程。它除了具有一般组织的共性之外，还是一种教育性组织，是学生在学校中学习、成长和开展各种活动的基本场所。该组织的个性特点表现为：

（一）班级组织的目标是使所有学生获得发展

班级管理过程以育人为目标。学生既是班级组织教育过程的主体，又是班级组织教育的对象。班级管理的各个环节都必须服从培养人、塑造人这一目标，要与过程有机配合，创设一个优化的环境，使班级组织成员的智力、能力、个性都能得到充分的发展。

（二）班级组织中师生之间是一种直接的、面对面的互动

班级组织为了实现育人目标，依照教育的有关法律及课程标准，制订教育目标、教育内容及课程的时间分配方案。作为学校开展教育教学活动的基层单位，班级活动本身就要求班级中教师与学生、学生与学生之间的互动必须是直接的、面对面的。班级组织的健康发展，在很大程度上取决于班主任和教师对班级成员的认知和理解程度。因此，班主任和教师需要与学生建立和谐的、互动的、相互信任的人际关系。

（三）情感是班级组织中师生之间、生生之间的纽带

情感是一种体验，它反映的是主体与客体的关系，一个人的需要得到不同的满足程度会产生不同的情感体验。积极的情感体验能成为一种巨大的教育力量，这些情感具有唤起动机的功能，深化或巩固教学内容的作用，能够引起共鸣、起到潜移默化的作用。首先，中小学生由于心理和意识发展的程度不高，情感就成为他们认识事物的一种非常重要的形式；其次，班主任和教师在教育教学活动中，为了促进学生的全面发展，充分利用情感的力量，会起到事半功倍的效果。班级管理必须让学生在班级里获得情感体验，使集体生活赋予学生多样而深刻的情感体验。班主任和

教师的教育艺术就在于使班级组织对学生产生巨大的吸引力，让学生对班级产生向往感、荣誉感、友爱感，使学生的良好个性能在班级组织中得以培养和生成。

（四）师生交往的多面性

在现实的班级活动中，班级组织中存在着各种交往中的情感因素，班主任和教师与学生之间、学生与学生之间的交往不是单一的、片面的，常常是全面的和多层次的，既有知识传递与接受的交往，也有情感等方面的交流与分享。班主任和教师要重视通过教学、课外活动、社会实践活动、个别交流等多种途径与学生进行广泛的交往，满足学生发展过程中的多方面需要。

（五）班主任和教师需要用自己的人格力量来组织班级活动

作为学校的一个正式的基层组织，班级在建立之初具有一定的偶然性，为了完成教育目标，必须有规章制度来维持。因此，教师与学生各自扮演的角色在班级成立之初就已经规定了，班级的互动主要在教师与学生之间和学生与学生之间进行，它不仅需要通过正式的规章制度维持，也需要各种非正式的方式和手段来维护。

五、班级组织的建设与管理

（一）班级组织建设

班集体是学生学习、生活和成长的重要场所，班级管理是以班集体为基础展开的。因此，建设和培养良好的班集体是班级管理的核心工作，也是班主任工作成果的体现。对于学生来说，良好的班集体可以成为一个成长的熔炉，混乱和风气不正的班级可以成为一个染缸。生活的集体对学生的成长至关重要，甚至能影响他们一生。

建设和培养良好的班集体可以提高班主任工作的效率。当一个班集体组织健全、学生积极向上、师生关系融洽、班级工作能够形成客观运行机制时，班主任就可以从日常琐碎的事情中摆脱出来。如全国优秀班主任魏书生在班级管理中依靠科学民主的管理方法，极大地调动和培养了学生自我教育、自我管理的自觉性和能力，增强了班集体的凝聚力和战斗力。

建设班级组织的方法很多，应当根据具体情况创造性地进行。一般都要注意下述几个方面。

1. 确定集体的奋斗目标

目标是集体的发展方向和动力。培养集体首先要使集体明确奋斗的目标。集体的目标应当由班主任同班干部或全班同学一起讨论确定。但对一个新生班或后进班来说，班主任则应果断地不容置辩地提出要求作为集体必须实现的目标。集体的目标一般包括：近期的，如搞好课堂纪律；中期的，如成为优秀班；远期的，如每个学生都成为全面发展的好学生。目标的提出应当由易到难，实现一个目标后，立即又提出一个更高的目标，以推动集体不断向前发展。

2. 健全组织、培养班干部以形成集体核心

培养集体必须注意健全集体的组织与功能，使它能正常开展工作，发挥应有的作用。这里的关键是要做好班干部的选拔与培养工作。在领导一个新班时，班主任不宜急于配齐班干部，可先指定临时负责人抓工作。经过一段时期了解，待积极分子有所涌现之后，再正式委派或选举班干部。班干部一旦产生就要注意严格要求和培养提高。班主任对班干部不可偏爱和护短，以免助长他们的缺点、错误，导致干群对立和班级的不团结；要教育他们谦虚谨慎、认真负责、不断提高修养水平和工作能力，以身作则，团结全班同学共同进步，充分发挥集体的核心作用。

3. 有计划地开展集体活动

班集体是通过开展集体活动逐步形成起来的。因为只有在为实现集体的共同目标而开展的系列活动中，全班学生才能充分交往、互相了解、建立友谊，为形成集体奠定情感基础；才能健全班级的组织机构及其功能，更好地分工协作，把全班同学的积极性都调动起来，形成集体的核心；才能激发出学生的工作责任感和集体主义精神，帮助学生学会正确处理人与人、个人与集体、班级与学校、学校与社会之间的关系，形成正确的舆论。班主任在确定班级的奋斗目标后，应制订集体活动计划，有计划地开展各种活动,使每个学生都能在活动中得到锻炼与提高,引导集体朝气蓬勃地向前发展。

4. 培养正确的舆论和良好的班风

只有在集体中形成了正确的舆论与良好的班风,集体才能识别是非、善恶、美丑,扶正祛邪,发扬集体的优点,抵制不良思想习气的侵蚀,才能使集体具有巨大的教育力量,成为教育的主体。这两者是一个坚强集体的重要标志。班主任应经常组织学生学习政治理论、道德规范,提高他们的认识;并坚持表扬好人好事,批评不良思想行为,为形成正确舆论打下思想基础。特别是在处理一些涉及原则问题而学生又未能正确认识的事件时,班主任要善于抓住时机,通过积极的思想斗争,分清是非,以推动正确舆论的形成。学校常常发生这类事,如一个班的学生拾到了别班忘了带回的球,是归还原主呢,还是留下来自己玩?这对一个尚未形成集体的班来说,必定会引起一场争论。班主任发现后,要及时组织讨论、辩论,提高全班的认识,自觉做出正确决定,把球送还失主。如能这样引导学生正确处理生活中发生的各种问题,很快就能在班上形成正确的舆论,发展优良的班风。

(二)班级组织管理

班级组织建立起来之后,犹如一棵树有了主干,但要使其枝繁叶茂、健康成长还得班主任悉心呵护,全方位给予帮助和指导。班主任在班级组织管理中担当着计划、组织、指导、协调及控制等职能。班级组织的管理应该是“管而不死、理而不乱”,最大限度地调动组织成员的积极性、主动性和创造性。班主任要管人、管事、管思想,认真履行岗位职责。同时要进行科学管理、民主管理,充分发挥学生干部的主观能动作用,既要集中,又要民主,要相信学生干部的能力,敢于放手,让学生干部在工作实践中磨炼成长。这就要求班主任能把自己从繁琐事务中解放出来,对班级实行遥控管理。班主任的工作水平和驾驭能力直接关系到班集体管理的效率和效能,班集体的凝聚力、战斗力和创造力很大程度上取决于班主任的管理风格和艺术。

1. 要制订切实可行的管理目标和计划

目标和计划的制订要先遵从学校大的管理目标和框架，再结合学生构成和不同年级、不同性别学生的生理和心理等特点，形成一个全体成员都为之奋斗和努力的，保证每个成员都能全面发展的目标，并辅之实现目标的可行性计划和措施。

2. 有明确的职责范围

从班长、团支部书记到各组织成员，什么人干什么事，各级的职责权限都要有明确的规定，做到组织成员岗位确定，职责明确，事事有人管，时时有人问，件件事情有回音、有着落。

3. 有健全的指挥系统

指挥要统一，不能政出多门。既要民主，又要集中。发挥学生干部的主观能动性，提高学生自我约束、自我教育和自我管理的能力，同时班主任要抓主要矛盾，有效掌握和控制班级精神世界，用正面的东西占领学生的思想阵地，丰富学生的精神生活。指挥要果断、有效，做到令行禁止，加强督促检查，使每项指令都有信息反馈。信息要畅通，要建立班级信息网络，而班主任的角色应该是“网络中枢”。

4. 要有合理的管理制度

管理有静态管理与动态管理，静态管理又叫常规管理，即运用规章制度进行管理，如用《学生手册》中有关规章制度以及国家法令条规等来规范学生的言行，约束和限制不良习惯和行为的产生。所谓动态管理，就是根据情况的发展变化进行管理，主要指应付突发事件或面临新问题时，能应付自如，沉着应对。两者应巧妙结合，相得益彰。

5. 学生干部要定期轮换，不要搞“终身制”

“终身制”不仅不利于进行民主教育，而且会使少数学生产生优越感。实行学生干部定期轮换的好处：①能使每个学生得到锻炼。从学生毕业后就业情况来看，担任过学生干部和没担任过学生干部的学生，在组织能力、协调能力、领导能力、适应社会能力、独立工作能力等方面都大不一样，不应该只让少数学生接受这种锻炼。②能减轻学生干部的过重负担。③有利于对学生进行民主教育。学生干部应通过民主选举产生，使学生亲身体验民主程序，从而培养民主作风。

6. 要有科学的管理方法

班主任要能从管理者角色过渡到指导者角色，既要善于管，也要善于放，而且要将管与放结合起来，做到管中有放，放中有管。

总之，学生是班级组织管理的一支重要力量，不论班主任是管理者角色还是指导者角色，都需要“靠”学生干部这支有生力量来自主管理，维持正常的班级秩序，使其正常运转。当然，“靠”学生的真正含义已经不仅是依靠学生来强化班级组织的管理功能，更多的是发挥其互动互促、自主发展的教育功能，是教育手段和教育目的的有机结合。

第三节　班级管理中的班主任

一、班主任的历史考察

班主任是学校中全面负责学生的思想品德、生活学习和健康等工作的教师，是学生的教育者、组织者和指导者，也是学校教育教学工作的得力助手和骨干力量。在世界各国的学校教育中，采用班级授课的教学组织方式是很普遍的，但不是所有采用班级授课制的国家都设有班主任，只有一些国家有，如中国、日本等。在西方国家的学校里，设有相当于班主任性质的教师，如美国的小学里有家庭工作教师，中学里有导向咨询教师等。中国的班级授课制从严格意义上来说，始于1862年京师同文馆的正式创立。该馆采用了编班分级的授课方式，设正提调2名，帮提调2名。帮提调的管理对象是同文馆的全体学生，其职责与班主任之职有许多相同的地方。

1904年1月13日清政府颁布《奏定学堂章程》，其中规定小学“各学级置本科正教员1人”，“通教各科目”，“任教授学生之功课，且掌所属之职务”。五四运动后，易名为“训育主任”或“训导主任”。这是我国班主任教师的雏形。1932年，教育部正式明文规定中学实行级任制，级任教师负责一个学级的主要课程的教学和组织管理工作。级任教师与班主任已是名异实同了。由于受英国导师制的影响，1938年又把中学的级任制改为导师制，负责班级组织教育工作的教师称为级任导师，这就相当于班主任了。

我国教育实践中最早使用“班主任”这一名称是在中国共产党领导下的老解放区，当时办的小学、中学、师范学校和抗日军政大学等，就有“每班设置主任教员一人”的规定。新中国成立后，继承老解放区的优良传统，吸取苏联教育经验，将原来中小学里的级任教师和导师一律改为班主任。1952年，我国教育部颁发《中学暂行规程（草案）》规定，班主任在教导主任和副教导主任的领导下，负责联系本班各科教员指导学生生活和学习。1958年，中共中央、国务院在《关于教育工作的指示》中又明确指出：学校党委，应该配备党员去领导级和班的工作。1963年和1978年的《全日制中学暂行工作条例（试行草案）》中也都指出：学校应该加强对班主任工作的领导，选派政治觉悟较高和较有教学经验的教师担任班主任。1988年，国家教委颁发了《中学班主任工作的暂行规定》，明确指出：班级是学校进行教育、教学工作的基本单位。班主任是班集体的组织者、教育者和指导者，是学校领导实施教育、教学工作计划的得力助手……这个文件对中学班主任的地位、作用、任务、职责、原则、方法、条件、待遇、奖励和领导管理等，都作了明确扼要的阐述和规定。

二、班主任的地位与作用

班主任的地位和作用，是每位班主任都必须明确的。因为无论干什么工作，只有弄清了这项工作的地位和作用，才有可能以极大的热情去努力干好这项工作。教育的地位和作用，决定了教师的地位和作用。振兴民族的希望在教育，教育是社会主义现代化建设的智力能源基地和人才资源基地，教育为社会主义现代化建设服务，为人民服务，既是国计，又是民生。而作为负责班级全体学生全面发展的特殊教师——班主任，又有其特殊的地位和作用。

班主任在学校教育中的地位是特殊的，因为工作对象是整个班级和全班学生。对于这群生活经验不足的儿童、青少年来说，班主任对他们的影响可能是终生的。中小学教育作为提高全民族基本素质的奠基工程，其班主任工作的质量，从某种意义上来说，直接影响着学校工作的质量，影响着未来公民的素质水平。班主任及其工作的地位和作用主要体现在以下四个方面。

(一)班主任是班集体的组织者和活动的指导者

班主任是班级工作的组织者、教育者和指导者,对班级组织的形成和发展有重大的影响。儿童入学就进入了班级,班级的状况好坏对学生的成长影响巨大。良好的班级组织对于培养学生良好的品德和行为,以及促进他们知识、个性、身心健康的发展,都有十分重要的意义。

良好的班级环境依赖于班主任对班级的培养。班主任应加强班集体建设,而要建设一个真正的集体,需要班主任付出艰辛的、具有创造性的劳动。班主任的工作直接关系到班级组织的形成、巩固和发展,关系到学生成长的质量和速度。通过考察一个班主任是否善于建设班集体,便可看出其工作水平和自身素质,从而判断其是否优秀。

(二)班主任是学校教育教学工作的骨干力量

班主任是全面贯彻教育方针,实施学校教育教学工作的得力助手和骨干力量,这主要从班主任与学校教育的相互关系上来认识。新时期,党的教育方针是要把青少年学生培养成德智体美全面发展的社会主义建设者和接班人。学校落实工作计划、开展教育教学工作、组织各种活动等,多是要通过班级来实现的。班级教育工作是一项系统的工程,必须有专人来协调各方面的工作,所以,学校就有必要给每个班级设置一位专职工作人员——班主任,由班主任来负责班级的组织管理工作,发动全体学生,统一班级各方面的力量,抓好班级思想教育工作、课堂教学工作,以及其他各项工作,从而实现学校的教育工作计划。可见,班主任是实施学校教育教学工作的骨干力量,也是学校行政领导的得力助手。

(三)班主任是学生全面发展、健康成长的引路人

班主任是学生全面发展、健康成长的导师和引路人,这主要从班主任与学生个体的相互关系上来认识。中小学生正处于长身体、长知识,人生观、价值观逐步形成的时期,他们思想活跃、精力充沛、可塑性大,学校、家庭、社会的各方面因素都将对其产生极大的影响。作为儿童和青少年知

识的传授者、健康成长的引路人，班主任任重道远。

为未成年人塑造美好的心灵是班主任工作的复杂性和特殊性的体现。不同的生活方式、不同的道德观念和思想意识等，都呈现在天真懵懂的儿童、青少年面前，使他们不得不面对与年龄相去甚远的问题。儿童入学的时候不再是一张白纸，对很多问题都有了自己的看法和想法，这种新趋势对班主任提出了新的要求。儿童良好的行为习惯和个性心理品质的形成，很大程度上要依赖于班主任的启发、诱导和熏陶。

（四）班主任是各种教育力量的协调者

青少年的健康成长是各种教育影响合力作用的结果，班主任的地位决定了他是各方面教育力量的协调者。班主任是协调各科教师、沟通学校与家庭及社会的桥梁和纽带。教学活动是学校的中心工作，班主任和其他任课教师共同承担教学任务。各科教学通常是各科教师独立进行的，但是，教学劳动的成果，不是单个教师所能创造的，任课教师必须互相配合、协作互助。要发挥教育的整体性功能，卓有成效地做好教育工作，班主任就必须将学校教育的各个方面，将各科教师的教育教学活动加以统一协调，形成通力合作、和谐一致的教育力量。

学生生活在复杂多变的社会环境中，各种信息从多种途径呈现在他们眼前，有好的，有不好的。学校教育只有和家庭教育、社会教育通力协作，才能获得良好的教育效果。班主任对于这三方面的教育形成合力起着重要作用，例如班主任可采取家庭访问，定期召开家长会，请专家学者、英雄模范人物、老工人、离退休干部等来校作报告、参观访问等多种形式，经常沟通学校与家庭、社会的关系，使三者目标明确，步调一致，共同做好学生的教育工作。

三、班主任的职责与任务

职责是由职务带来的工作责任，工作任务是职责的具体化。班主任工作的基本任务就是组织和培养良好的班集体，对全班学生的全面发展负责。2009年8月12日，教育部发布《中小学班主任工作规定》，其中，第三章规定了中小学班主任的职责与任务：

第一，全面了解班级内每一个学生，深入分析学生思想、心理、学习、生活状况。关心爱护全体学生，平等对待每一个学生，尊重学生人格。采取多种方式与学生沟通，有针对性地进行思想道德教育，促进学生德智体美全面发展。

第二，认真做好班级的日常管理工作，维护班级良好秩序，培养学生的规则意识、责任意识和集体荣誉感，营造民主和谐、团结互助、健康向上的集体氛围。指导班委会和团队工作。

第三，组织、指导开展班会、团队会（日）、文体娱乐、社会实践、春（秋）游等形式多样的班级活动，注重调动学生的积极性和主动性，并做好安全防护工作。

第四，组织做好学生的综合素质评价工作，指导学生认真记载成长记录，实事求是地评定学生操行，向学校提出奖惩建议。

第五，经常与任课教师和其他教职员工沟通，主动与学生家长、学生所在社区联系，努力形成教育合力。

四、班主任的基本素质

百年大计，教育为本。国家的繁荣昌盛，民族的文明发展，社会的进步，都与教育质量密切相关。教育质量体现的是教师素质，教师的素质与态度决定着教育理念的更新和教育内容与方法的革新。教师的言行举止、兴趣爱好、穿着打扮，甚至是教师的喜怒哀乐，都在不知不觉中陶冶和熏染着自己的学生。所以，要想培养出高素质的学生，教师首先要成为具有高素质的人，班主任在品德、智慧、能力等方面应该对自己有更高的要求。从某种意义上说，班主任的整体素质如何，对学校管理水平和教育质量有着重大的影响，有时甚至决定着一所学校的命运。所以，千方百计提高班主任素质，就成为深化教育改革、提高教育质量的一项重要任务。《中小学班主任工作规定》第二章第七条规定，选聘班主任应当在教师任职条件的基础上突出考查以下条件：①作风正派，心理健康，为人师表；②热爱学生，善于与学生、学生家长及其他任课教师沟通；③爱岗敬业，具有较强的教育引导和组织管理能力。从以上规定中我们可以看出，班主任的基本素质可概括为思想道德、知识能力和心理品格素质三个方面。

(一)班主任的思想道德素质

人的思想道德素质,主要包括人的政治观点、思想信仰、价值观念、行为准则和规范等内容,可分为三个方面,即政治倾向、思想作风和道德品质。思想道德素质就是要解决人生观、价值观、世界观和道德观的问题,这相当于人的灵魂,在一个人的一生中发挥着导向和支配作用。当前,随着经济全球化和我国社会主义市场经济体制的建立,人们面对着前所未有的机遇和诱惑,社会价值观也呈现多元化趋势,思想教育的大环境发生了空前的变化,且这种变化越来越复杂,越来越难以掌控,这对全体教师,尤其是班主任的思想道德素质提出了更高的要求。

1. 坚定正确的政治信仰

不同的人生信仰给人生染上不同的色彩,我们必须坚定正确的政治信仰。教师作为学生的引路人,作为知识、真理和信仰的传播者,只有树立了坚定、正确的政治信仰,才能培养出社会主义事业的建设者和接班人。有了坚定正确的政治方向,有了政治上的负责精神,班主任才能坚定地贯彻党的教育方针,培养出新时代需要的创造性人才。

2. 忠诚于人民的教育事业

热爱教育事业,是对每个教育工作者职业道德的基本要求之一,对班主任更是如此。做任何事情都需要事业心和责任感,教育事业尤其需要高度的事业心和责任感,需要教师具有奉献精神和献身精神。爱因斯坦说过:"喜爱是比责任感更好的老师。"热爱教育反映了教师对祖国和人民的深厚感情,也是班主任做好工作的强大动力和基本前提。教师如果能热爱教育事业就能激发起其强烈的工作热情,在教育活动中享受到的乐趣又将加深为师者对教育事业的感情,从而能几十年如一日在教育岗位上勤勤恳恳、鞠躬尽瘁地做奉献。就像陶行知先生那样,"捧着一颗心来,不带半根草去",为人民的教育事业奋斗终生。热爱教育并愿意为教育事业献身是教师的美德,也是教师道德的基本要求。

在我国现阶段,班主任工作和生活等各方面的条件也许不尽如人意,而教育教学任务又十分艰巨,所以,班主任的工作是光荣的,也是十分辛苦的,尤其需要班主任要有事业心,有奉献精神。只有这样,才能战胜一切困难,完成党和人民委托的培育社会主义事业建设者和接班人的重任。

3. 热爱学生,尊重学生

热爱学生是班主任做好班级工作的前提,是热爱祖国、忠于教育事业的重要体现。是否热爱自己的学生决定了班主任教育工作的成败。因为爱是师生进行心灵沟通的最有效途径。班主任只有用自己的爱才能赢得学生的爱,使学生乐意亲近班主任,从而愿意接受班主任的教育。所以,一个优秀的班主任,应当用自己满腔的爱去关心、尊重每个学生,耐心细致地指导每一个学生,培养与学生之间的思想感情,使自己成为学生欢迎和爱戴的人。班主任全身心地爱着每一个学生,是班主任对工作负有强烈责任感的动力,也是班主任智慧和力量的源泉。

班主任对学生的热爱和尊重,主要体现在三个方面:一是理解学生,即全面、正确地认识学生,相信学生具有多种发展的可能性,并主动发现和引导他们自身的潜能,且要不断发展和壮大它,从而使其成为一个努力不断进取的人。二是信任学生,即相信学生都有成为一个好学生的愿望,都有一颗积极向上的心,即使他们有缺点、有错误,也是可以教育好的。教师的信任是激励学生前进的动力,也是一把打开学生心扉的钥匙。三是以宽容的态度对待学生。这就要求班主任在处理师生关系时,要有豁达的胸怀,不与学生斤斤计较,能够宽容学生的一些缺点。宽容看似与教育方法无关,其实不然,很多时候宽容比指责、训斥、批评的教育效果要好得多。因此,宽容也不失为一种教育方法。当然,热爱学生、尊重学生应具有科学性,爱绝不是放任、纵容学生,而应与严格要求有机地结合起来。

4. 严谨治学,认真施教

当今世界,科学技术迅猛发展,信息量急剧增长,这种形势不断地对教育教学工作提出新的要求和挑战。成长在这样一个快速发展的时代里的学生,视野更加开阔,思维更加敏锐,求知欲也更加强烈,他们的这些变化对班主任的知识结构、能力素质等提出了更高的要求。班主任只有勤奋学习,严谨治学,不断更新自己的知识储备和结构,掌握更多的现代科学知识和专业知识,努力在教育实践中不断探索新的教学方法,勇于创新,认真施教,才能跟上时代的步伐,满足青少年学生的要求,完成自己所担负的教书育人的光荣任务。因此,严谨治学,认真施教,是教师应该具有的职业态度，也是教师应该遵循的道德规范。

（二）班主任的知识能力素质

班主任的知识能力素质可分为知识素质和能力素质两个方面。

1. 知识素质

（1）政治理论知识。古今中外，总是首先对教师提出较高的政治素质要求，这是一条永远不变的法则。中共中央、国务院于1993年2月13日正式印发的《中国教育改革和发展纲要》中明确指出：教师是人类灵魂的工程师，必须努力提高自己的思想政治素质和业务水平；热爱教育事业，教书育人，为人师表；精心组织教学，积极参加教育改革，不断提高教学质量。这是由社会主义学校的性质、任务所决定的。班主任是“四有”新人的塑造者，是社会主义思想和共产主义理想的传播者，要使自己具有科学的世界观、人生观、价值观和思维方法，以指导自己的学习和工作，并在教育实践过程中影响学生，使他们树立科学的世界观、人生观、价值观，形成科学的思维方法，从而成为社会所需要的全面发展的人才。

（2）精深的专业知识。班主任要通晓所教学科的知识，成为所教学科的“专才”，这样才能成为知识、原理、技能、技巧的传授者和指导者。为此，班主任必须系统地学习所教学科的基本知识和基本原理，了解本专业的历史、现状及其发展趋势，深入钻研并弄通所教学科的重点和难点；在教学上，既能“由浅入深”，又能“深入浅出”，真正做到既能知其然，又能知其所以然，能懂得教育理论并善于运用它来指导教育教学实践，满足学生强烈的求知欲。

（3）广博的科学文化知识。实践证明，任何一种反映客观世界发展规律的科学知识，都有说服力，能丰富人的精神生活，并影响人的思想行为。一切教育管理活动都应具有知识性，把知识性与思想性、趣味性结合起来，这是公认的班级成功管理的重要前提条件。因此，有人提出做班主任得有几手“绝活”：琴棋书画皆通，天文历法都知，耐心爱心具备，严肃幽默全会。这个境界虽高了些，可能不是人人都能有这样的境界，但它给我们以启示：班主任要想使自己的工作卓有成效，自己必须有丰富的知识储备，因为知识就是力量。所以，班主任要广泛涉猎各门知识，并专博相济，一专多能,一专多通,建立起既精又深、既宽又厚的知识结构,自觉地向知识的博大精深迈进。班主任及时汲取科技发展新知识,也是提高班主任在学生心目中的地位的良好途径。现代学生身处信息社会之中,他们爱好广泛,接受能力强,许多科技新知识很快就在他们当中流传。如果班主任没有这方面的知识,就可能难以融入学生的话题,这是造成师生思想脱轨,感情疏离,使班主任威信下降的一个重要原因。

2. 能力素质

(1)获取信息、更新知识、开拓创造的能力。现代社会和未来社会是科技的社会、知识的社会、信息的社会、终身学习的社会,不具备学习能力和摄取信息能力的人,将成为社会的落伍者。班主任是学生心目中的知识巨匠、智慧的化身。因此,班主任应具有强烈的求知欲望,明确的学习方向,周密的学习计划,坚韧的学习意志和独立思考、透彻理解、及时摄取知识和信息的能力;不仅要肯学习,还要善学习。班主任摄取知识和信息能力的强弱不仅影响着自身的发展,还影响着学生智能的深度和广度。班主任工作是一项创造性的工作,要把班主任工作做好,既不能重复别人,也不能重复自己,必须不断更新,有新思维、新内容、新举措,这就要求班主任有创造力。面对发展的社会、变化的环境,任何蹒跚不前、因循守旧都会使班主任工作无法开展或是失去活力。唯有具备创造力的班主任,才会使班级工作不断创新,不断上台阶,同时也使学生总是处于新鲜感和新的追求之中,焕发出蓬勃向上的活力。因此,班主任要努力培养和提高自己关注当代世界和未来世界的意识,以及获取信息、更新知识、开拓创新的能力。

(2)了解、研究学生的能力。班主任要科学地进行班级教育管理,必须获得正确的信息材料,并进行认真分析,从而作出正确的决策。这就要求班主任要有敏锐的观察力和高超的分析研究能力。纵观古今中外,凡是有成就的教师、教育家,都有一个共同的特点,就是有知人之明,能察觉学生思想深处的奥秘,触摸到学生感情的脉搏。班主任既要善于观察和研究影响大、外部特征明显、经常出现的问题,更要善于把握表现细微、偶尔出现、具有潜在影响的事件。学生身上闪光的品质,学生心中隐秘的活动,学生脸上流露出的异样神情,学生生活中的异常行为,这一切即使刚刚露出端倪，不会引起常人注意，但班主任应该尽早发现，或是因势利导，或是防微杜渐。这样，可以减少学生走歪道的机会，减轻或避免对学生身心健康的损害。所以说，班主任应具有进入学生心灵世界的本领，善于发现学生还没有明显表现出来的问题和闪光点，能发掘学生的潜在能力和积极因素，掌握培养教育学生的主动权。

(3)组织管理能力。班主任担负着全面组织、管理、教育班级学生的任务。这就要求班主任必须具备良好的组织管理能力。如果不坚强而温和地抓住管理的缰绳，任何功课的教学都是不可能的。因此，班主任应善于开展班级组织管理工作，善于确定班级发展方向和前进目标，拟订具体计划和措施，坚决贯彻和实施，严格监督和检查，及时反馈和调控。只有这样，班主任才能把管理和教育有机结合起来，促使班级工作沿着科学的轨道顺利前进。实践证明，一定的组织能力是班主任所不可缺少的，它能保证教育活动有条理、有系统地开展，对班主任工作成败起着重要作用。班主任组织管理能力的强弱，决定着班级的面貌，也进一步影响着学生的成长。

(4)明晰的表达能力。表达能力直接影响教育和教学效果，是班主任基本的能力素质。表达分语言表达和非语言表达两类。语言表达又分为书面语言和口头语言两种表达形式。因为班主任多是直面学生并对其进行教育，所以口头语言表达能力显得特别重要。班主任的语言要真实可信，富有教育性、启发性和引导性。总之，作为班主任，应该努力提高自己的表达能力，从而有效地提高教育质量和教学质量。

(5)教育应变能力和自控能力。灵活、机智的教育应变能力和冷静、沉着、积极主动的自控能力，是一个合格班主任不可缺少的能力素质，也是一个班主任成熟的重要标志。优秀的班主任必须做到依据教育对象的变化和条件的变化，抓住最佳教育时机，巧妙运用最有效的教育方法，以取得最优的教育效果。具有灵活机智的教育应变能力和自控能力的班主任，能随机应变、沉着应对、巧妙处置错综复杂的教育情境和偶发事件；能主动地对自己的教育思想、智能结构作出相应的动态调整；善于控制自己的情绪和行为，不把自己的负面情绪转移到学生身上，即使在学生激怒自己时，也能保持冷静，谨言慎行，理智地处理各种问题。

(6)交往协调能力。这是现代班主任不可缺少的重要能力素质之一。它是时代的要求，是班主任出色地完成教书育人任务必备的素质。当今社会已进入信息时代，信息的迅速传递需要人们有广泛的社会交往。为了使班内外与校内外教育影响的方向、步调趋于一致，班主任要具有交往协调能力。它要求班主任要善于和社会、学校、家长、学生协同工作，善于调动他们的积极性，增强教育力量的强度，调控学生发展方向。所以说，现代社会的班主任不仅在校内应是教育教学的行家，在校外也应当是出色的宣传工作者和社会活动家。

(三)班主任的心理品格素质

人的身心发展是统一的，在分析班主任心理素质之前，有必要分析一下班主任的身体素质。

1. 强健的身体素质

众所周知，身体是革命的本钱。身体健康是人生存发展的前提条件，是生命力的标志。现代班主任的工作十分繁琐复杂，不仅要从事教育教学工作，还要做大量的思想教育工作和组织管理工作，任何一项工作都要班主任付出巨大的心力和体力。因此，班主任要有强健的体魄和充沛的精力。

身体素质与体质、情绪、生活习惯及年龄都有密切关系。其中，年龄与身体状况的关系更为简明、更具有稳定性。根据资料，从管理工作的整体要求看，30~50岁的人各方面状态最佳。从学校的实际情况来看，小学主要领导干部30~50岁较为合适，中学主要领导干部35~55岁较为合适[①]。班主任是基层管理者，对班主任的身体状况和年龄也要有适当的考虑。班主任应养成良好的学习、工作和生活习惯，确保自己能有充沛的精力去履行自己的职责。

2. 良好的心理素质

随着社会的发展，健康的概念也在发展。按照世界卫生组织对于健康的新定义，健康不再是指简单的身体健康，而应当包括生理、心理和社

---

① 葛金国，吴玲."盘点"学校——解开学校管理的症结[M].福州：福建教育出版社，2001:88-89.

会适应性三个方面，是生理、心理和社会适应性统一的和谐状态。当今世界，科技大发展，经济大飞跃，物质不断丰富，人们的生活节奏不断加快，与此相伴的是人们的社会适应性和心理健康问题越来越多，所以，很多有识之士提出了心理素质问题。良好的心理素质是人的全面素质中的重要组成部分，是未来人才素质中一项十分重要的内容，而教师的心理素质对未来人才素质的培养起着至关重要的作用，班主任的心理健康尤为重要。

心理素质对于不同职业的人们的要求是不一样的，对管理者而言，其核心是人的气质和性格。一般说来，管理者要处理的问题无外乎对己、对人、对事等方面。对己应自信自尊，以身作则，严于律己。对人要诚实守信，与人为善，富有爱心。对事，谦虚谨慎，不夸夸其谈，要求学生做到的事，自己要带头做到，树立榜样作用。现在是法治社会，也是道德社会，真诚守信，宽以待人，是一个管理者必须具备的心理品质。心胸狭隘者必定无法获得大家的喜爱和支持，也就无法成为一个优秀的班主任。爱是教育和管理的前提，一个缺乏爱心的人绝对无法成为一个好的班主任。对事应公正，刚毅果断，沉着冷静。有调查表明，学生最讨厌的就是偏心的老师。现今，班主任除了要面对学生，还要面对家长、同事、领导、家庭和社会多方面的复杂环境，这就要求班主任要具备沉着冷静的心理素质。只有这样，班主任才能在复杂多变的情势下作出正确的判断，从而做到有效应对。

班主任基本素质的形成、提高、完善是一项艰巨而复杂的任务，不仅要有高度的自觉性、主动性，还需要以科学的态度去认识各种基本素质及素质之间的内在联系。特别是对思想政治素质在班主任素质中的主导地位和作用，班主任必须有明确的认识。肩负着教书与育人双重担子的班主任，只有在实现了自身素质的完善之后，才能做到在以理性影响理性、以道德影响道德、以人格影响人格、以意志影响意志的情况下培养出社会所需要的新型人才。班主任的一切素质都要靠一个载体来承载，并使这些素质得以平安顺利地相互搭配、组合而发挥综合作用。这个载体的好坏，将直接决定多种素质能否顺利地发挥作用。这个载体就是身体。终日辛勤耕耘在教坛、劳心劳力的班主任，在不断奉献的时候，不要忘了要拥有一个健康的身体。

第二章　班级管理的原则和方法

第一节　班级管理的原则

班级管理原则，是进行班级管理时必须遵循的要求和准则，它体现了班级管理工作的特殊性，反映了学生身心发展和教育管理的规律。班级管理原则既有科学性，又有可行性和可操作性，能全面指导班级管理工作。在班级管理的理论体系中，班级管理原则处于目标与实现目标的管理手段、措施之间的中介位置，一个十分关键的位置。目标能否实现，固然依赖一定的方法与手段，选择和运用何种方法乃至在什么时机、什么场合运用则取决于班级管理者的指导思想，取决于他对班级管理原则的理解和运用程度。只有在正确的班级管理原则的指导下，班级的管理工作才会规范有序、正确合理，班级的目标才会顺利实现。班级管理原则对于建立和发展班集体，全面实现班级目标、全面提高教育质量具有重要的意义。

一、方向性原则

(一)方向性原则的含义

方向性原则指班级管理工作必须坚持正确的方向，即坚持党的领导和社会主义教育方向的原则。这条原则即办教育的政治思想自觉性原则。

管理是一种有目的的活动，管理活动总是指向一定的目标。班级管理活动也必然朝向某种目标行进，因而毫无疑义地具有特定的方向。社会主义政治、经济以及生产力发展状况要求班级工作要与之相适应,要在目的指向上保持一致。这是学校教育受社会政治经济所制约这一客观规律的反映。

我国是社会主义国家,正处于社会主义初级阶段。这就要求学校教育要与社会主义性质相适应,在班级管理的性质、任务上要体现这一点,在培养人才的规格和各项工作的要求、标准等方面也要反映社会主义性质。在我国,各层次的教育办学方向是一致的,都是为社会主义建设培育新人,促进教育对象德智体美全面发展,保证党的教育方针的实现。

(二)贯彻方向性原则要注意的问题

1. 明确培养目标和树立正确的办学指导思想

目标就是一种方向。班级领导者、管理者要深刻理解并明确学校教育教学的培养目标,在此基础上,提出正确的班级管理目标和指导思想;要认真思考为谁服务,培养什么样的人,办什么样的教育这样的大问题;要树立全局观念,使班级管理与教育工作服从和服务于社会主义建设这个总目标,全面贯彻党的教育方针。对一些学校在完成教学任务和培养目标方面存在的偏差,如片面追求升学率、重智轻德、重智轻体,以及加重学生学习负担等不利于素质发展等倾向都应该有一个清醒的认识。不应盲目追风,要自觉抵制和消除经济体制转型期出现的一些负面效应,坚持正确的教育指导思想。

2. 注意正确思想引导和优良班风建设

班级作为学校的最基层组织,是培养人的场所,是建设社会主义精神文明的重要阵地。班主任应该教育好学生、服务好家长和社会,直接体现出班级思想和精神风貌。培养好人才,师资队伍素质的提高是关键。班级管理者要引导全体任课教师明确教育培养目标,以正确而富有感召力的管理目标统一班级的意志与步调,同时要通过加强思想政治工作、强化师德教育和建设优良班风,和全体教师一起不断提高素质,自觉为实现全面育人目标、完成教育教学任务而同心同德、奋发努力。

二、整体性原则

(一)整体性原则的含义

班级是由全体任课教师和学生所组成的一个整体,需要实现教育教学、管理服务等多方面任务。在班级整体工作中,教学处于中心地位,管理上要从实现整体目标出发,全面规划,统一指挥,合理组合班级各种因素、各个层次的力量,充分发挥整体效能,以达到最佳的管理成效。

整体性原则可以指导我们正确处理班级管理工作中整体与局部利益、主要矛盾与次要矛盾、中心工作与其他工作、教育与管理等多种错综复杂的关系。整体性管理原则表明办教育应依据教育的客观规律,它既是一条教育原则,又是一条管理原则,反映了管理工作的客观规律。

(二)贯彻整体性原则要注意的问题

贯彻这一原则,要注意做到以下几点。

1. 从班级工作的整体性来看

首先,树立全局观念,强化整体意识。班级是学校教育系统的组成部分,班级工作要服从并服务于学校教育的整体目标和利益。班级本身也是一个相对独立的整体,有着自己的整体目标和利益,因而班级中每个人、每项工作等都要服从和服务于这一整体目标和利益。班级一切工作要从全局出发,要明确总体目标,要正确认识整体与局部的辩证统一关系,强化整体意识。管理上要处理好分工合作与统一指挥的关系,要实行明确分工,并加强联系配合,从整体着眼做好各项工作;同时又要实行集中统一指挥,统筹兼顾协调行动,及时发现和解决问题,使班级整体运转正常。

其次,教学为主,全面安排。班级以教学工作为中心,这是学校教育客观规律。班级管理工作必须明确以教学为主,统筹安排班级的各项工作。班级的其他各项工作都应围绕教学工作这个中心而开展,要配合并服务于教学工作,要有利于而不是有碍于这一中心工作。班级管理者要经常深入学生当中,认真分析和研究影响教学工作的因素,推动和改进教学工作，提高教学质量。当然，“教学为主”并非教学唯一，管理上要在坚持教学为主的同时统筹安排，要在总体目标规划的前提下，长远目标与近期任务相结合，各时期主要工作或阶段性重点工作与其他工作或日常常规工作相协调，围绕中心，带动全面，使各项工作协调配合，实现班级整体工作的正常运转，较好地完成教育教学和管理任务。

2. 从班级成员的整体性来看

首先，要求班级管理者公正无私，一视同仁，用同样的情感和尺度对待每个学生。班主任应树立让每一个学生都获得成功的思想，怀有同样的工作责任感，去关心教育每一个学生，机会均等地给每个学生创造成功条件，把他们培养成党和国家所需要的人。对优秀的学生，不能“一俊遮百丑”，对暂时后进的学生，要善于发现他们身上的闪光点。

其次，要努力做到全员激励。激励含有激发动机、形成动力的意思，它能使人产生自觉行为，形成一种推动力、自动力。所谓全员激励，是指激励全班每位任课教师和学生，充分发挥他们的智力、体力等各方面的潜能，实现个体的目标和班级总目标。班主任要善于用适当的班级目标激励所有成员。班级目标，是班级成员共同的期望、追求和想要达到的成果，具有导向和激励作用。班主任要引导全班学生积极主动地制订班级远、中、近期努力目标，以及小组、个人目标。同时，还必须采取各种有效措施，使目标具体化并变为行动。班主任还要经常运用各种激励的教育方法，例如“强化激励法”——以表扬激励为主的正强化和以批评、处罚为辅的负强化。前者是利用人的积极向上心理、荣誉感使人奋发努力，使潜在能力得到最大的发挥，工作效率达到最高水平。后者则是对不符合客观要求的心理或行为起抑制作用，但往往只能保持一种最低的工作效率。强化激励应以正强化为主，负强化为辅。

3. 从个体的整体性来看

首先，把学生看做是一个整体的人。具体到每个个体身上，班级管理工作的整体性原则要求我们把学生作为一个整体来看待。“人的全面发展”是指人的“完整发展”，即人的各种最基本或最基础的素质必须得到完整的发展，各个方面可以有发展程度上的差异，但缺一不可，否则就是片面发展。这些必须获得完整发展的基本素质在很大程度上是一种愿望和价值指向，我们可以把它理解为“做人”与“做事”两个方面的完整发展，可以理解为“身”与“心”两个方面的完整发展，可以理解为通常所说的德智体美诸方面的完整发展，可以理解为真、善、美的完整发展等。“完整发展”强调的是人的发展的偏移不可逾越底线，即可偏移但不可偏废，即不能只发展人的能力的一方面而偏废了其他方面。

其次，班级管理要促进每一位学生的全面发展。班主任与学生长期相处，对每个学生成长的个性特点以及不足之处都有一个比较全面的了解，虽然学生之间存在着差异，但每个学生都有自己的长处和闪光点，且可塑性很大。只要班主任在班级管理工作中正确对待学生，加强学生个体行为的指导，就能实现素质教育的要求，使每一个学生都在原有基础上有所发展、充分发展。班主任必须克服“重智育、轻德育，重分数、轻能力，重考试科目、轻考查科目”的错误做法，树立素质教育的理念，努力促使学生全面发展。

三、平行管理原则

（一）平行管理原则的含义

在班级中，除了师生之间的垂直关系外，还有同学之间的平行关系。所谓平行管理原则，是指管理者既通过对集体的管理去间接地影响个人，又通过对个人的直接管理去影响集体，从而把对集体和个人的管理结合起来，以收到更好的管理效果。

（二）贯彻平行管理原则的要求

贯彻平行管理原则的要求是：

（1）要组织、建立良好的班集体。实践证明，一个积极向上的集体，可以激励和推动集体中的每个成员不断进取；反之，一个不好的集体则会使学生松散疲沓，甚至相互影响，沾染各种恶习。

因此，要发挥学生集体的教育功能，就要耐心组织、精心培养一个具有明确的政治方向和共同的奋斗目标，有健全的组织机构，有一个团结一致的由关心集体的积极分子组成的领导核心，有正确的集体舆论和优良的班风,有严格的规章制度和严明的纪律,朝气蓬勃、团结友爱的坚强的班集体。

(2)要善于发挥班集体的教育作用。班集体一旦形成,它就成为一种巨大的教育力量。要充分发挥集体的教育和管理作用,管理者在工作中,要面向集体,通过集体影响和教育个别学生。这就是说,管理者应当充分利用集体的目标,集体的各项要求,集体的舆论等,使之成为教育因素,激励学生向上。

(3)要加强个别教育。个别教育和集体教育是相辅相成的,强调教育集体并不否定对学生的个别教育。个别教育的好坏,也会影响集体的巩固和发展。个别教育,不是仅仅指对后进生的教育,对尖子生也应施以个别教育。

四、协调性原则

(一)协调性原则的含义

协调性原则是指:班级是学校、社会的一个组成部分,班级管理要注重与学校、社会的联系,通过内外协调,充分利用有利条件,尽力排除不利因素,在班级内外相互作用与影响下,不断提高教育教学质量和管理水平。

班级作为教育机构不是一个孤立的社会组织,而是整个学校和社会系统的一个组成部分,与学校、社会联系密切。中小学生大部分时间生活在家庭中,家长的生活方式、一言一行,无不给孩子的道德品质、思想行为打上深深的烙印。随着学生年龄的增大,社会对他们的影响日益增强,对班级管理工作的影响也不可低估。随着时代的发展,班级与社会的联系日益密切,其生存与发展受到社会外界各方面因素的制约。班级管理活动是在同社会各个方面的交往中进行的。特别是在当前改革开放、市场经济逐步确立的新形势下,班级必须面向社会、开拓发展,否则,管理工作囿于封闭体系,孤立进行,必然没有出路。因此,班级管理者应当广泛地联系家庭、社会以及学校内部各方面的力量,使之密切合作,相互补充,形成对班级学生进行综合管理的合力网络。

(二)实施协调性原则要注意的问题

班级贯彻实施社会协调性原则,要注意做好以下几方面工作:

第一,要充分发挥教师集体的作用。班级管理要卓有成效,就需要任课教师的密切配合,形成一个团结一致的教师集体。没有良好的教师集体,就不能形成统一的教育力量,也就不可能把班级管理好。

第二,要做好与团队和班委会的协调工作。班上的团队组织和班委会是学生集体的核心,是班级管理者开展工作的中流砥柱,要充分发挥他们在班级管理中的主动性、积极性和创造性。

第三,要争取家庭和社会有关方面的配合。班级管理者应经常同学生家长和学生所在的社区保持联系,主动了解学生在家里和社区的表现,主动向家长和社区反映学生的情况,反映班级和学校工作的要求,争取他们的配合支持。

班主任是班级主要管理者,对班级管理工作的好坏起着十分重要的作用。因此,班主任必须加强自身的修养,严格要求自己,以身作则,用榜样力量来影响学生。这样,班主任才会在学生中产生强大的影响力,才会取得班级教育管理的良好效果。

五、民主性原则

(一)民主性原则的含义

民主性原则是指:在班级管理中,要处理好完成工作任务和关心人的关系,同时要处理好管理者、领导者与管理对象的关系,调动全班各类人员的积极性,发挥管理的激励机制,以较好地实现班级的任务目标。调动积极性的民主管理原则也是全员参与管理的组织原则。

人是管理的核心。管理要素中,人兼为管理手段与内容,现代管理强调“以人为本”的思想。班级的各项工作要靠人去推动,班级教育管理工作及服务家长的任务要依靠教职工特别是保教人员去完成。人是目的与手段的统一。要实现组织的任务目标,关键是调动各类人员的积极性。我们不仅要发挥领导者和管理者的积极性,还要全力调动和发挥全体班级成员的积极性,要尊重学生的民主权利,确保他们能够参与班级的管理工作。现在的学生自主意识较强,他们是班级的被管理者,也是管理者,一旦他们真正参与管理,班级管理效率将成倍提高,班级的发展将获得强大的原动力。

班级管理工作的民主性原则,是由我国社会主义制度决定的,是我们党的群众路线和民主集中制原则在班级管理工作中的体现,反映了人民群众是历史的创造者的客观规律,可以指导我们正确处理教师与学生、集中与民主、组织与个人之间的关系。学生参与班级管理,对于培养学生的主人翁精神,学生的创造性、独立性以及建立民主的师生关系都有着十分重要的意义。一个班级,如果只有管理者的积极性,只靠管理者单枪匹马的"管理",没有学生的积极性,班级就难以前进,管理者也就不可能有很高的工作效率。当然,我们所说的"自主参与",与不负责任的"放羊式"管理完全是两码事。我们在讲自主参与的同时,强调社会主义法制,强调纪律和秩序,强调民主与集中的统一。

(二)贯彻民主管理原则要注意的问题

贯彻调动积极性的民主管理原则,要注意做到以下几点。

1. 树立群众观念,坚持群众路线

班级管理一方面必须坚持社会主义方向性原则,另一方面应该坚持群众路线原则。教育事业是党的事业、人民的事业,社会主义方向符合广大学生、家长以及教职员工的根本利益。管理工作中一定要相信、依靠群众,密切联系群众,要注意处理好管理者与管理对象的关系。应当认识到,学生既是管理的客体,又是管理的主体,是实施教育等各项工作的主体;同时,管理的主体与客体又是相互依存并在一定条件下相互转化的。

搞好班级管理并非仅是班主任的事,还应依靠全体任课教师和学生,实行民主管理,调动其关心、参与班级管理的积极性;要深入群众,注意听取他们的意见,集中其智慧和力量,才能实行有效的管理。

2. 管理者要增强民主意识,切实保障学生主人翁的地位和权利

学生既是教育的客体,又是教育的主体。因此,管理者应把学生视为班级的主人,应该让全体学生进入自己工作的决策过程中,无论是制订计划、贯彻执行，还是检查监督、总结评比，都要让学生参与，使他们了解班级工作的各个环节，明确自己应该承担的各种义务。只有这样，学生才会具有主人翁的意识，才会把管理者建议完成的工作当做自己的使命，学会做班级、学校的主人。

3.必须及时采纳学生的正确意见，接受学生的监督

学生提出的合理意见和建议是不是被管理者所采纳，是影响他们主动性和参与意识的一种重要因素。当合理的意见和建议得到了管理者的肯定并得以实施，他们就会产生一种满足感，主动性和参与意识就会得到进一步强化。

4.发展和完善学生的各种组织，逐步扩大班委会等组织的权限

班级的各种组织机构的干部成员，都应该通过学生民主选举产生，并授予他们进行管理的权力，不要随便进行干预。当他们遇到困难时，要帮助他们解决。要让他们大胆地开展工作，锻炼和提高他们独立工作的能力，使他们成为自己得力的助手和班级集体的核心力量。

5.努力创造一种民主气氛，为学生行使民主权利提供机会、创造条件

设计“合理化建议登记簿”、开展“合理化建议奖评比”等，强化学生的参与意识。

六、有效性原则

（一）有效性原则的含义

班级管理的有效性原则是指：班级管理要在正确的目标指导下，通过科学管理，合理组织人力、物力、财力等资源，充分挖掘潜力，高质量、高效益地实现培养目标，完成班级教育和管理任务。

管理的根本目的在于提高效率，要以最小的投入创造出更多、更好的经济效益和社会效益，为社会做出有价值的贡献，充分发挥管理的生产力职能。

要讲究管理工作效益，就要注意研究人力、物力、财力等资源的投入或劳动耗费带来了多大的效用、“功能”，管理工作完成目标和任务的效率，管理活动的整个效果如何。

要把班级工作纳入真正的科学管理轨道，就要遵循教育和管理规律，以科学的态度和方法来研究和处理班级管理中的问题，合理有效地利用各种管理资源。

（二）贯彻有效性原则要注意的问题

1. 树立正确的教育质量观、效益观

班级以育人为目的，一定要树立正确的人才观、教育质量观，要关注社会发展的需要，明确社会对未来人才规格的要求。育人的数量与质量是衡量班级效益的根本标准，班级最终要以其所"产出"，主要是培养的人才是否为社会所认可和欢迎，体现出其价值。提高班级管理工作效益的关键是要使培养的人才为社会所接受，使人才数量与规格适应并符合社会的需求。

班级要通过合理组织、有效运用有限的教育资源，提高管理的功能效益，较好地实现组织的目标、任务，提高保教质量，促进更多的学生德智体美等全面和谐地发展，提高育人的数量与质量。要注意将资源的投入配置使用与教育目的、教育效果相结合，突出其使用的意义与价值。管理工作中，要把多、快与好、省统一起来；要把凡事讲效率、讲效益作为班级管理工作的重要指导思想。

2. 建立合理的组织与制度，使班级管理工作规范化、程序化

管理是对组织而言的。班级要有合理的组织机构，并不断完善；要明确班级的任务目标，建章立制，形成管理层次清楚、职责分明、既统一领导又分工协作的科学管理系统；要做到机构简、人员精，提高组织的功能和效益。

实现有效管理要建立健全以岗位责任制为核心的各项规章制度，并形成规范，建立起稳定、正常的工作秩序；应做到定岗定员，责任到人，并将各类人员的职责权利统一起来，通过对其行使职权承担责任的结果作考核评价，奖优罚劣，使制度起到规范组织中各类人员行为和活动的管理手段的作用。

实现有效管理还要加强班级管理的计划性，避免盲目随意性。可以通过计划将各部门各方面工作有机联系和组织起来，形成前后连贯、环环相扣的系列，使班级管理活动依动态过程顺利展开，从计划的制订到组织实施以至检查和总结，构成完整的管理活动周期，依科学程序不断运转，将班级工作不断推向前进，不断提高工作质量和效率。

3. 有效整合和利用资源，实现经济效益优化

以有限的人力、物力、财力等条件，最大限度地发挥其作用，以最小的代价获得最佳的效果，这是管理的意义之所在。效率和效益是管理所要追求的目标。班级管理要进行教育成本核算，讲究经营，注意计算经费投入或人力、物力等资源的耗费与培养人才和办事效果之间的关系，要考虑如何发挥教育投资的经济效益问题。

班级管理要注意分析所拥有的人力、物力、财力等资源，做到合理配置，有效利用。

(1)人力资源的有效利用。管理要素中，人是最具有能动性的关键要素，是组织中最宝贵的资源。班级管理要合理安排人力资源，提高用人的效率。班主任应该选拔精干的人员组成班级委员会，把合适的人安排在合适的岗位上，实现人尽其用，在班级中形成一个强有力的核心。在对人员的管理中，要做到知人善任、用人之长，合理组合和运用激励机制，从而发挥组织成员的聪明才智和潜在能量，更好地完成工作任务。

(2)勤俭办学，提高物力与资金的利用率。班级管理要做到合理利用物质资源和资金，科学经营，节支增收，提高经费和物资利用的有效率；要加强物资和设备的管理，如对教育设备器材等要注意保管维修，延长其使用寿命；要杜绝浪费和防范不应有的损坏，实现物尽其用，更好地为教育教学服务。

(3)注重时间信息的有效利用率。班主任要善于合理安排工作，分清主次轻重，考虑工作的优先次序，提高时间利用率，提高工作和教育效益。信息作为一种特殊资源，对于管理者的正确指挥和决策具有重要意义。管理过程中要注意建立畅通的信息渠道，及时传递与反馈准确的信息，要加强沟通，为有关部门与教师提供信息服务，提高信息的利用率。

总之，实施有效性原则，要注意人的因素，因地制宜发掘各种可能利用的资源，创造教育条件。

七、教育和管理结合原则

(一)教育和管理结合原则的含义

教育和管理结合原则(简称教管结合原则),是指把班级的教育工作和对班级的管理工作辩证地统一起来。具体地说,就是班级管理者对学生既要坚持正面引导、耐心教育,又要凭借必要的规章制度要求学生,约束其行为,实行严格教育管理。只有这样,才能获得教育的实际效果。

教管结合原则是实现培养目标的要求。学校教育要培养自觉的社会主义建设者,重在社会思想道德内化,培养其坚定的信念,自觉地指导自己的言行,自觉地遵守社会行为规范。因此,必须加强正面的教育、引导,充分调动学生的自我教育积极性,不容许采取压服的方法、奴化训练的方法对待学生。但是,在教育过程中必须加强对学生的管理,用一定的规范、要求来约束和调节学生的思想行为。从这个意义上来说,管理也是教育。教管结合反映了班级工作特点,班级工作和学校工作都是贯彻落实教育目标的,班级和学校管理不同于一般管理,这种管理是以育人为目标的。因此,管理应是达到育人的手段,要把管理过程变为教育过程。在管理中有教、有导,包括全面的教、全面的导,正面的教、正面的导,教育的同时又必须加强管理。通过管理才能保证教育的正常进行,促使学生向教育目标的方向发展,调节、控制自己的行为。

(二)贯彻教育和管理结合原则的要求

第一,要坚持正面的引导,传授知识,讲清道理,能识别真、善、美、假、恶、丑。管理者应当用科学的道理和正面的事例对学生进行启发诱导,调动其接受教育的内部动力,使他们在思想、品德、学业、生活等方面沿着正确的方向发展;要积极引导学生自觉地调控自己的思想言行,同时又要有强制性的纪律约束,监督其严格执行,即用校纪、校规、守则、制度等来规范学生行为,对严重违纪者要给予必要的批评、处分。在执行纪律制度的过程中,伴以说服教育,使批评处理成为教育手段。

第二,要在坚持常规管理中加强教育。国家颁发的学生守则、行为规范等，对学生德智体等各方面提出了明确而具体的要求。各校又制订了各种管理条例，如勤学习、守纪律、讲卫生、爱护公物、按时作息等。这些规范必须坚持认真贯彻执行，并经常检查，及时总结，进行评比。但在贯彻执行过程中要加强教育，使学生懂得道理，认清其精神实质，把常规管理过程变为教育、训练过程，使学生能自觉地、主动地遵循有关规定；而不是把常规管理变为简单机械的训练过程，只要求学生盲目、被动地执行。

八、情理相融原则

（一）情理相融原则的含义

现代管理是以人为中心的管理。班级管理说到底是对学生的管理。学生具有丰富情感，对他们的管理与教育必须有感情的激发和熏陶。在班级管理中，班主任要尊重学生，要以情感人，做学生的朋友，也就是说要实行人性化的管理。同时，学生由于受年龄、社会阅历等的限制，他们的想法往往具有较大的主观性和片面性，易出现不良行为，因而在班级管理中又必须有明确的制度作为约束，来规范学生的行为，对他们的管理与教育还必须讲道理、摆事实、循循善诱、启发诱导，帮助他们提高思想认识。

（二）贯彻情理相融原则的要求

第一，要动之以情，以情感人。这要求班主任与学生进行思想感情上的沟通，必须从根本上端正对学生的态度，对学生怀有深厚的感情；要建立这种真挚感情，就要关怀他们、体贴他们、密切联系他们、尊重信任他们、热情帮助他们、真诚爱护他们。班主任要对自己班里的学生的情况了如指掌，要了解他们的学习成绩、兴趣爱好、弱点缺点、思想状态，以及家庭背景、父母情况、目前在学习和生活中存在的困难和问题等。人们常常有这样一种说法，即：三分制度管理，七分感情管理。所谓感情管理，具体表现为四个“心”：思想上关心学生，学习上细心指导学生，生活上热心照顾学生，学生遇到困难时能耐心帮助。对于学生一时犯的错误，教师应该有海纳百川的宽容之心，给予恰当的批评、教育，动之以情，循循善诱，使之幡然悔悟，弃旧图新。教师有了宽容之心，就会在教育学生的过程中做到“润物细无声，爱在不言中”，学生就会真正从内心接受老师的教育，情理相融的师生关系也就建立起来了。

第二，要晓之以理。无论做什么事，应该先让学生明白其是非利弊。当他们明白了做这或不做那的道理后，再要求起来就简单多了。管理者要善于利用科学的道理和有说服力的典型事例，针对学生的具体问题，由事入理、由浅入深地向他们讲清道理，提高他们的思想认识。班主任在开展班级管理工作中，所面对的每个学生都是活生生的个体。他们每时每刻都在编织着自己美好的梦，随时都可能出现与班规、校规相悖的举动。这时，教师不要贸然地去对学生的举动进行横加指责，更不要对学生采取体罚或变相体罚的行动，应始终坚持以师生平等的身份去问清缘由，要用饱满的热情去温暖学生的心灵。

第三，要科学地处理好“情”与“理”的辩证关系。情与理是辩证的统一，两者互相渗透，互相影响，互相依赖，不可分割。如果情没有理的约束，就会感情用事，丧失原则。动之以情是前提，晓之以理是目的，情是服从于理的。理也不能离开情，情是理的载体，情为理准备了良好的心理环境。俗话说：“情不通，则理不达。”只有通情才能达理，因受感化而接受的道理最能铭记在心，动情之后的转变才有牢固的根基。理离开了情，是苍白无力的理。班主任在班级管理中，既不要“有理无情”，也不要“以情代理”，而是要将情理有机地“化合”，做到情中有理，理中含情，情理交融。也就是说，管理制度上要严明，要公正，要一丝不苟，体现一种“刚性”；而在情感上要宽和，善解人意，以诚待人，体现一种“柔性”。

以上基本管理原则相互之间是紧密联系、相互制约的，是不可分割的整体，共同作用于班级管理过程。班级管理者要在管理实践中，加深对这些原则基本精神的理解，并将这些原则作为完整的体系，加以综合运用，以取得良好的工作效果。

第二节　班级管理的方法

一、制度管理法

（一）制度管理法的含义

制度管理法是指班级管理者通过制订规章制度，并运用规章制度管理班级的方式。班级管理者要达到设定的班级管理目标，并最终实现学校的教育目标，就必须对学生的某些行为进行引导和约束，以规范学生的行为；同时，提出一些制度性措施，以提高学生的综合素质。这就必须建立健全科学的行之有效的规章制度，并贯彻这些规章制度，保证班级工作有秩序、有成效地进行。

班级管理者所运用的规章制度可分为三个层次。一是国家教育行政部门制定的各种制度，如中小学生守则、中小学生道德规范、学生成绩考查和升留级制度、学生考勤制度、奖惩制度等；二是依据上述制度制定的校内规则，如课堂规则、请假规则、阅览室规则、图书馆规则、实验室规则、生活作息制度、卫生扫除和卫生检查制度、公务管理和借用制度等；三是班级组织制定的各种管理制度。

（二）班级实行制度管理的作用

制度管理对于完成教育教学任务有重大作用，它能够保证班级工作有成效地进行，使学生的行为规范化，提高班级工作的效率。班级制度化管理能在一定程度上提高班内学生的学习成绩，班级制度化管理能够利用其对学生的强力约束、高效管理服务于教学工作，从而促进学生的学业发展。

深入贯彻执行各项规章制度对于培养学生的正确思想、观点，进行自觉纪律教育，培养良好行为习惯，形成良好道德风尚，树立良好班风都有重要作用。班级制度化管理能促进良好学风、班风的形成。从实践角度看，严格实施制度化管理的班级，都能形成井然有序的课堂秩序以及良好的学风、校风。

不断制订并实施具有班级特色的措施性制度，有助于提高学生的综合素质。实行班级制度化管理，在经过一定时间的养成教育后，绝大部分学生都能养成遵规守纪、服从管理的习惯，形成互勉共进、不断进取的集体主义思想。

（三）制订班级管理制度要注意的问题

实行班级制度管理的关键，是制订好规章制度。要制订好规章制度，就要坚持做好以下几点：

（1）制订的规章制度要合理。班级制订的规章制度要符合教育方针和学校培养目标的要求。班级规章制度还要从班级实际需要、学生年龄特征和实际水平出发，要能使学生的学习、劳动、休息、文化体育活动、社会政治活动等都得到妥善安排，做到既有严格要求，又要切实可行。

（2）制订的各种规章制度内容要明确、具体，文字要简明、扼要、准确，使学生便于掌握和记忆，利于贯彻执行。规章制度不能冗长繁琐、含糊不清，否则，学生无法理解和执行。各种制度之间不能互相矛盾，否则，不能规范学生的行为，就会失去教育意义。

（3）制订的规章制度要经过班级管理者和学生的充分讨论。这样既可以保证规章制度的合理性，使规章制度切实可行，又可以通过讨论把规章制度的确立过程变成教育过程，使学生明白制度规则的目的、内容和要求，提高学生执行制度的自觉性。

（4）制订的规章制度要有相对的稳定性，不能朝令夕改，不然会使学生感到无所适从，造成班级秩序混乱。

（四）运用制度管理法的要求

1. 要让每个学生都了解规章制度的内容和意义

通过各种宣传形式进行宣传，提高学生执行规章制度的自觉性。要通过说理教育法的各种形式向学生说明制订制度、规则的目的和意义，要结合实际讲解制度和规则的内容，使学生知道怎样做、为什么要这样做、不应该做什么、为什么不能做的道理。

2. 严格要求，认真检查督促

各种规章制度公布实行以后，要严格检查督促，使学生严格按要求执行，坚决和违反制度、规则的现象作斗争，保证规章制度的贯彻执行。

3. 执行规章制度要反复训练，形成习惯

这就要长期地坚持不懈地教育和训练，使之变成学生的习惯。班级管理者运用制度管理法，提出新的措施性制度，关键在于执行。没有落实，再好的规章制度也是形同虚设，没有任何积极意义，相反还会削弱班级管理者的威信和损害管理者的形象。

4. 处理好刚性管理与柔性管理的关系

作为一种常用的管理方法，班级制度化管理相对来讲是一种刚性化管理。它力求使学生做到有令必行，有禁必止；严肃认真，动静结合；整齐划一，协调一致。制度管理的刚性作用，使得不同性格的学生长期处于被动服从状态，长此以往，使他们感到压力重重，很容易产生逆反情绪。所以，在班级管理中还必须依靠鼓励、感化、引导等手段对学生进行柔性化的管理。管理工作的前提和基础是刚性的制度，而柔性管理是刚性制度管理的“升华”。要想更加深入实施班级的刚性管理，一定的柔性化管理是不可或缺的，将二者有机结合才是班级管理工作的最佳形式。

二、量化管理法

（一）量化管理法的含义

量化管理法是指把学生的日常行为要求、班规班约、学习成绩、思想品质等转化为具体的量值，使学生的各项表现都尽可能地通过具体的数量值来体现并进行考核、评定，再在量化考核的基础上，进行分类管理、因材施教、分类推进，从而使全班学生共同进步，达到提高学生整体素质的目的。

实行量化管理的目的是通过学生的自我管理，使学生由被动的受约束向主动自觉转化，能促使班级的管理工作科学化、制度化、标准化，从而把班级的管理工作提高到一个较高的水平，同时提高学生的素质，以适应素质教育的要求。

量化管理法打破了传统的只有“尖子生”才会得奖、受表扬，中等生与奖励不沾边，而差生只有挨批评、成为“被遗忘的角落”的做法，使不同层次、不同类型学生各方面的情况都能及时地反映出来，一旦他们有进步，都会受到表扬和奖励，从而提高了各个层次学生的积极性和主动性。所以，不管学生成绩怎样、表现如何，他们都能乐意接受这种管理方法，从而积极、主动地投入到这种管理中来。量化管理法使学生明确了自己在班级中所居层次，从而学有榜样、赶有目标，促使整个班级成为刻苦学习、积极向上、你追我赶的先进群体，使学生在德智体美诸方面得到全面进步，从而达到提高学生整体素质的目的。

（二）量化管理的内容和措施

1. 德育工作的量化管理

德育工作是关系到能否把学生培养成为有理想、有道德、有文化、有纪律的新一代，关系到社会主义事业的成败、国家和民族的前途和命运的一项战略任务。在以往的德育中，虽然方法很多，效果也不错，但直观性、可操作性差。文明礼貌教育是德育最基本的内容之一，实施“文明礼貌行为”的量化管理，是增强德育工作可操作性的突破口。

首先，将《学生文明礼貌要求细则》随班级手册一起印发给每一个学生，让他们知道在学校、家庭以及社会中应做到的行为、语言规范。同时可以模拟环境对学生进行规范训练，使其言行有所参照和依据。

其次，通过与学校、家长、街道的联系，经全体学生讨论，制订出各项考核内容的奖惩细则，即考核的量化标准——加减分标准。

最后，值日班长每天对每个同学的在校行为进行考核、记录，考核小组通过与家长联系对每个同学的家庭行为每周进行一次考核，通过与街道联系对其社会行为每月进行一次考核。

2. 组织纪律的量化管理

班级是学校的基础组织，是学校进行教育教学工作的基本单位，那么，班级的良好的组织纪律将是顺利完成教育教学任务的一个重要保证。班级是一个小小的社会，每个班级都有各自独特的秩序、独特的文化和独特的管理方法，可以通过班级公约之类的班规对学生的组织纪律进行量化管理。

首先,为了便于管理,经同学讨论,制订出课堂、课间自习等方面的组织纪律量化考核标准,使学生的在校行为有一个评价的准则。

其次,针对上述的考核标准,制订每一项考核的奖惩分数,以便于具体管理。如上学迟到者扣1分,课堂、自习时间闲聊者扣2分,课间在教室及走廊内大声喧哗、玩耍者每人次扣1分,做操动作不规范者扣1分等,从而使班级的组织纪律的管理工作有一个考核的量化标准。

最后,值日班长按照考核细则,及时制止违纪现象,并做好记录,填写班务日记。考核小组检查、核实记录情况,以使考核工作公正地进行,以防弄虚作假、徇私舞弊现象的发生。

3. 劳动卫生的量化管理

劳动意识的培养、劳动技能的掌握是素质教育中能力培养的一个重要组成部分。而现在的学生,由于种种原因,劳动能力普遍较差,班级的值日生工作将是培养学生劳动意识,提高劳动技能的重要途径之一。通过对学生值日生工作的量化管理,可能从一个侧面定量地反映出学生劳动意识的强弱,劳动能力的高低,使他们对自己的劳动能力在班级中所处的位置有一个较清楚的认识。

首先,制订出《值日生工作职责》,将值日分担区所要求达到的卫生标准确定下来,然后将责任具体到人,使值日工作事事有人做、人人有事做。

其次,全体同学讨论、确定各责任区的劳动强度,并根据各责任区的劳动强度不同,制订各责任区的考核的量化值。

最后,值日班长进行卫生检查,对出了问题的责任区,先责令该责任区的负责人按卫生标准重新工作,然后按事先制订的劳动卫生考核标准加减此项目分数,并记入班务日记。

4. 学习的量化管理

学习科学文化知识是在校学生的根本任务之一。全面素质教育要求学生在学习过程中逐步锻炼自己的自学能力、独立思考能力、语言表达能力、写作能力、思维能力、记忆能力、创造能力等。这些能力的高低如何反映出来,反映出来后又如何评价是一个较难掌握的问题。通过学习的量化管理,对一个学生上述能力的评价就有一个系统的考核。

首先，确定学习质量的标准体系。学生各种能力的高低，通过学生在课堂的表现、作业完成情况、考试分数都可以反映出来。这些方面质量标准体系的确定，是由任课教师根据不同学科特点而制订完成的。

其次，确定考核的量化体系。任课教师根据所确定的各科的质量标准，再制订出本科的考核量化标准，然后，班主任将各科汇总、平衡，从而制订出学习方面的量化体系。

最后，确定量化考核的操作体系。此项目的操作是由任课教师、考核小组共同完成的。任课教师每堂课、每次作业批改，都要认真做好考核记录。考核小组对任课教师的考核记录一周汇总一次。

5. 特长发展的量化管理

素质教育强调以人为本，最大限度地鼓舞和支持学生充分自由、自主、丰富多彩、生动活泼地发展。可以通过以下步骤搞好特长发展的教育工作。

第一步，鼓励学生在全面发展的基础上充分发挥其个性特长，找出自己的兴趣点，以前没有明显兴趣点的要逐步培养、发现。

第二步，通过讲座、训练等手段，使学生的个性特长上档次、上水平，以适应社会发展的需要。

第三步，给学生创造个性特长得到表现、承认的机会，鼓励学生参加各种竞赛活动，提高参与意识。

特长发展的考核方法可以参照这样的标准：有特长的一项加2分，获班级特长竞赛奖加2分，获校级特长竞赛奖加3分，获市级以上特长竞赛奖加5分等。

以上诸方面的考核，一周进行一次小结、一学期进行一次总评，对每一位学生各方面能力进行评价。考核评价使学生对自己的能力发展有一个认识，老师对每一位学生的能力发展有一个全面的了解，也为指导以后的工作提供了一个可靠的依据。

三、民主管理法

(一)民主管理法的含义

民主管理法是指班级管理者广泛发动被管理者积极参与管理活动,以完成各项任务的管理方式。民主集中制是社会主义国家的组织原则,班级作为社会主义学校的基层组织,也应该提倡这种管理方式。

(二)民主管理法的作用

民主管理班级,可以提高学生的主人翁意识,增强学生的社会责任感。班级管理者在班级学习和生活过程中,发扬民主精神,让学生参与管理,使学生处于主人翁的地位,从而产生主人翁的意识和社会责任感,有利于形成自我管理能力。

民主管理可以使学生从小受到民主的熏陶,有利于养成民主的作风。班级管理者经常用民主集中制的办法处理班级的事务,可以使学生耳濡目染、潜移默化地受到教育,有利于学生接受民主思想和民主作风,有利于学生将来参与社会的民主生活。

班级管理者运用民主管理的方法,能够体现师生平等,有利于师生之间思想与情感的沟通,营造和谐的班级气氛,为教育教学提供良好的环境,可以间接地提高教育教学质量。

(三)运用民主管理法的要求

1. 班级管理者首先要具备民主管理的理念

民主管理的理念是民主管理行为的先导,没有民主管理的理念,就不会有民主管理的行为。民主管理的理念就是现代管理理念,它是班级管理由传统管理方式向现代管理方式转变的标志之一。只有实现了管理理念的突破,班级管理才会有质的飞跃。教师要充分尊重学生,树立班级民主管理的信心。

2. 用平等的人际关系代替专制的人际关系

确立平等的师生关系是实行民主管理的关键。只有把学生看成与管理者平等的人,民主管理才有可能落实。班级管理者只有尊重学生、理解学生、信任学生,才能更好地发扬民主精神。

3. 充分发扬民主精神,努力把班级的民主管理渗透到各个方面

用民主管理的方法,就要实行真正的民主,而不能走过场,搞虚假的民主。这就要求班级管理者把民主管理体现在各个方面,遇事和学生商量、研究,把民主坚持到底。应该学习什么、怎样才能学好、对犯错误的同学应该怎样处理等,都应该用民主的方法,真诚地和大家商量,坦诚地交流思想、交换意见。

4. 注重教师引导与学生主动参与的统一

在教育和被教育的过程中,教师是引导者、组织者、协调者,不是独裁者、主宰者;学生不是被动者、旁观者,是热情的参与者、见证者。民主管理强调教师的引领和指导,不是包办、代替,更不是放弃。教师要尊重学生,培养学生主动参与班级民主生活、参与班级环境建设、影响班级决策、促进班级成长和变革的能力。对学生参与的尊重,不是放任"自流",是师生形成合力,促进班级良性发展。

四、自主管理法

(一)自主管理法的含义

自主管理法是指班级管理者让班级成员依据教育目标的要求以及自己和组织自身的特点,独立自主地管理班级活动的管理方式。这种方法的特点强调学生是班级管理的主体,扩大他们自主活动的领域,让他们独立自主地对班级的事务进行组织决策,制订规则,组织实施,相互协调,自我监督和评价。

(二)自主管理法的作用

自主管理法,虽然是在班级管理者的指导之下,但不是完全依照教师指令,在教师直接或间接控制下被动执行的管理,而是在明确自身目标的条件下,在教师的一般要求下,根据自己的需要、动机、能力、爱好等特点而进行的自觉自主的创造性的管理活动。这种管理方法反映了主体教育的思想,体现了对学生主体地位的肯定。

(三)自主管理法的措施

1. 定期变换管理角色,为学生自主管理创造条件

为了给每一位学生以平等的学习锻炼机会,使学生主动参与班级事务,让每个学生都能体验到当班干部的滋味,可以每天安排一名学生作为值日班长:协助班主任全权负责班级的管理工作,尤其是对学生的日常行为、出勤、课堂纪律、作业完成、礼貌、卫生等情况进行监管,对班级学生的一天的表现进行记录,重大问题及时向班主任老师汇报,在班会上,可对班级存在的问题、发展方向、建设意见等进行发言。这对班级建设来讲,应该有积极的作用,对学生的良好习惯的培养、形成,其作用是非常明显的。

2. 设置多样化小组,为学生自主管理提供机会

小组是班集体组织机构中最基本、最活跃的组织形式。按其活动内容的不同,可以建立班务管理小组(如墙报编辑小组、财务管理小组、图书管理小组、卫生监督小组、生活服务小组等)、学习小组、各种课外兴趣小组、运动队和校外小组等。每一个学生都可以加入若干个小组,扮演各种角色,接受集体的积极期望。同时让小组成员共同制订目标和活动内容,在小组中当家做主,学会自治。他们活跃在校园内外,在各种小组活动中发挥自己的积极性和创造性。还可以开展小组擂台赛,加强班集体对各小组活动的评价、督促和班主任对各小组活动的指导,确保每个小组的活动对学生个体产生积极影响,充分调动每一个小组和个体的主动性。

3. 创设民主氛围,让学生获得自主管理的成就感

力求在集体及社会中表现、体验和感悟自我价值是主体性发展的根本动力。为了使每个学生都有展示才能,获得成功的机会,应该根据学生兴趣、爱好、能力、特长、需要等把班级内的各种管理职能分解为一个个具体明确的岗位,如建立学习互助岗、环境保护岗、文体活动岗等,甚至细致到将班级琐碎工作分为十多个小方面。除每个四人小组选派一人负责前后两桌的地面及抽屉卫生外,其余的诸如图书管理、讲台桌的整理、花卉的浇灌、电化教具的保管检查、清洁用具的摆设、粉笔的保管、摆齐桌凳成线、墙壁保洁、学校通知的记录与传达等均设立了相应的岗位，力求使每一个学生都能在班级管理中找到自己满意的位置，做到“人人有岗位”，让学生在发挥作用中看到自己的价值，在班级中取得有利的地位，从而激发其参与班级活动的积极性和主动性。

(四)运用自主管理法的要求

学生自主管理的主体是学生，班主任和任课教师是管理的参谋者、指导者，学生自治和直接参与班级教育教学管理的探索不仅是加快学校民主管理进程，从而提高班级管理效益的重要手段，更是一种提升学生主体意识，培养合格公民的教育策略。学生自主管理的第一要事是转变班主任、任课教师的传统观念，大胆放手，切实做到让学生成为班级的主人。

真正实现学生自主管理需要做到以下几点。

1. 让学生自定目标

学校应将新学年第一个月定为目标教育月，各班根据学校、年级组的整体目标分头制订明确的班级奋斗目标，每个学生根据班级目标制订个人具体目标，自我加压、自我激励。

2. 让学生自定班规

各班以学校规章制度为依据，根据自己班级的实际情况，在每一位同学直接、民主地参与下制订集体生活的规则，让学生用自己制订的制度来约束自己，不断培养自我调控、自我管理的能力，以达到自主管理的目的。

3. 试行“班委竞选制”、“班干部轮值制”

通过自荐和他人举荐相结合的方式产生候选人，候选人发表竞选演说后，由全班同学投票产生班委会，班委会通过班干部轮值制度对班级实施管理。“班委竞选制”、“班干部轮值制”的实行，为更多的学生提供了发展主体意识、提高服务能力的舞台，使学生在实践中“学会合作、学会负责、学会做人”。

4. 班级事务实行“包干负责制”

每个班级的事务管理应坚持“人人有事干，事事有人干”的原则，做到人人参与班级管理，服务工作岗位明确，责任到位。

5. 建立“班级教导会”制度

班干部通过定期召开(两周一次)由本班所有任课教师和学生代表参加的班级教导会,分析学情、教情、班情,及时反馈任课教师和学生之间的意见、建议,形成民主、团结的班集体。

五、情感沟通法

(一)情感沟通法的含义

情感沟通是一种理性和感性的混合交流,它是群体生命的要害。白居易说过,“感人心者,莫先乎情”。要维持班级群体管理的动态平衡,沿着既定的目标迈进,就要通过健全灵敏的沟通结构来实现。师生、生生之间平等的情感沟通,是班级集体和谐发展的关键。

班级情感沟通结构应为混合多向型,这种结构既注重班主任(包括科任教师)与学生之间的纵向沟通,又重视同学之间的横向沟通。这种沟通使班级师生之间的思想行动一致,同学之间互相关心、互相谅解、互相照顾、密切联系、协调配合。

(二)情感沟通法的作用

俗话说:“人非草木,孰能无情。”在班主任工作中,师生之间的情感交流如何,直接关系到教育目标的实现和教育效果的好坏。在对学生进行道德品质教育的过程中,教师所提出的要求要转化成学生的行为,需要加强师生之间的沟通和对学生道德情感的教育。爱在师生之间的传递,能够协调师生之间的关系。

教师与学生的情感沟通是班级人本化管理的首要策略,是做好班级一切工作的基础。班级情感沟通方法有利于教师利用情感与学生沟通,努力接近学生,在各个方面尽其所能帮助学生,从而彻底消除学生的戒心,缩短师生双方的心理距离,形成和谐融洽的师生关系,让学生切身感受到班主任是他们的亲人、领头人,以便于师生之间搭建起相互信任的桥梁。

(三)运用情感沟通法的要求

教师与学生的情感沟通绝不是简单的三言两语、浮于表面的交流,而是以心换心的沟通。教师只有真正深入学生的心灵深处,了解学生的心理需要、学习动机和发展需求,才能建立起和谐的师生关系,达到情感沟通的效果。

关注学生的需要是情感沟通的基础。美国人本心理学家马斯洛把人类的需要由低到高分为五个层次,即生理、安全、社交、尊重、自我实现的需要。学生这五种需要是否得到满足,主要取决于教师在班级管理中对学生精神待遇的高低。因此,教师要千方百计提高学生对精神待遇的满意度。

尊重与欣赏学生是情感沟通的重要前提。尊重、理解、宽容、欣赏是人际交往的重要内容,也是精神需求的内容。"尊重"被认为是人的一种基本需求,人的这种渴望尊重的需求是否得到满足,将直接影响到一个人的发展。因此,教师要尊重学生的个性,尊重学生的人格,理解学生的思想感情,宽容学生的过失,欣赏学生的进步,让每一名学生拥有归属感和安全感。

建立和谐的师生关系是情感沟通的关键。要建立和谐的师生关系最重要的是情感投入,最基本的环节是信任。如果信任出现问题将会挫伤学生的积极性,因此,教师应努力构建以信任为本的师生关系,让每一名学生享受到真诚的温暖与和谐,进而激发其强大的学习热情,为班级的发展增添生机与活力。

(四)情感沟通法的具体运用

情感沟通的具体方法较多,这里谈谈常用的三种方法。

1. 倾听法

倾听体现了对学生的尊重。在中小学阶段,学生的自我意识飞速发展,他们渴望被家长理解、被同学尊重、被教师信任。在教育教学中,尊重学生自我意识发展的有效途径之一就是倾听他们的声音,感受他们的成长。当学生表达自己的观点和意愿时,班主任认真倾听,就会使学生体会到尊重和信赖。倾听是打开学生心灵的钥匙。学生在成长过程中常常感到疑惑、迷茫，此时他们往往选择向班主任“求助”的方式，把自己在学习和生活中的种种不如意和困惑向班主任倾诉。这时倾听就是对学生最好的鼓励和帮助。倾听学生的心里话，有利于洞悉学生的心理状态，从而促进师生情感的沟通。倾听时要注意以下几点：①要体察对方的感觉。一个人感觉到的往往比他的思想更能引导他的行为。体察感觉，意思就是指将对方的话背后的情感复述出来，表示接受并了解他的感觉，有时会产生相当好的效果。②要注意反馈。倾听别人的谈话要注意信息反馈，及时查证自己是否了解对方的意思。不妨这样：“不知我是否了解你的话，你的意思是……”一旦确定了对他的了解，就要给予积极实际的帮助或提出建议。③要抓住主要意思，不要被个别枝节所吸引。善于倾听的人总是注意分析哪些内容是主要的，哪些是次要的，以便抓住事实背后的主要意思，避免造成误解。④要关怀、了解、接受对方，鼓励他或帮助他寻求解决问题的途径。

2. 谈心法

谈心是一种有助于交流情感、互通情况，并能够有针对性地做好学生的思想工作、解开思想疙瘩、体现人文关怀的有效沟通方法。谈心时应注意讲究方法：一是交心，以诚相见，推心置腹，不能言不由衷；二是要与人和善，既要指出缺点，又要注意正面教育，切不可阴阳怪气、讽刺挖苦；三是要平等待人，设身处地，不能盛气凌人；四是要耐心疏导，由浅入深，逐步解开其心中疙瘩。

3. 活动法

学生非常渴望班级开展活动，然而其心态是复杂的：一方面想通过活动表现自己，另一方面又怕老师把活动变成说教课。班级管理过程中要想通过活动达到师生彼此交流的目的，就必须抓住学生的年龄特征与心理特点，否则师生间的距离会越拉越大，也就谈不上情感交流了。活动中教师必须放下架子参与活动之中，不能用教师自己的地位或手中的权力去压制学生，应该使学生感受到你是他们中的一员，你与他们是利益共同体，目标是一致的，这样学生才会消除对教师的心理防备，开始讲真话，谈烦恼，把教师当做寄托和倚靠，才会与教师开诚布公地交流，师生之间的默契就是在这类活动中逐步形成的。

第三章 班级目标管理实务

第一节 班级管理目标

众所周知,班级管理是一项复杂的系统工作。班级管理中的一系列活动旨在实现一些目标,即我们通常所说的班级管理目标。如果说班级管理是一项系统的工作,那么班级管理目标就是班级管理的开端和起点。正因为有了这些目标,班级管理活动才有了行动的方向和准绳,并最终实现既定目标。

一、班级管理目标的内涵

在弄清班级管理目标的内涵之前,首先必须明白目标、管理目标以及教育目标的内涵。

人们从不同的角度给目标下了定义。广义上,目标是指计划好要实现的一个方向。行为科学家认为,目标是外在的,是由动机所引起的、能激励人去追求的、有价值的东西。也有学者认为,目标是某一行动所要达到的最终目的,是要争取达到的某种预想结果的标准或状态[①]。综合以上说法,我们认为,目标是个人、部门或整个组织在一定的时间或条件下,通过某些具体行动而渴望达到和实现的结果、标准或状态。

管理目标是用来表示对管理客体所渴望达到的境地,它通常是指管理客体最终应达到的标准状态,或者说是管理主体遵循哪些规定的发展轨道,来促进管理客体的变化发展[②]。由此可见,管理目标既为管理客体

①张作岭.班级管理[M].北京:清华大学出版社,2010:43.

②吴旋州.班级管理学[M].西安:陕西人民出版社,1997:148.

树立了行动标准,又为管理主体更好地进行管理树立了行动标准。

教育目标是指所培养的人才应达到的期望或标准。这个目标可高可低,按需要而定,它是培养人的方向和规格。在社会的不同时期,教育目标是随具体国情而定,所以从新中国成立初期到改革开放时期,再到20世纪90年代以及现今21世纪初期,各个时期我国的教育目标是不尽相同的。虽然具体的教育目标有所差异,但其根本都是保障学生身心全面健康发展,为社会的和谐和进步服务。所以,如果没有人的发展,没有学生素质的提高,也就不会甚至不可能有社会的发展。但是,并不是任何人都对社会的发展具有积极的促进作用,只有具有良好心理素质、身心健全发展的人才能以社会发展为己任,更好地推动社会进步。

综上,所谓班级管理目标是指班级管理主体(一般情况下是指班主任教师,有时也包括学生)希望在一定时期内,通过一系列班级教育管理实践活动使班级管理客体达到一种所期望的状态。换言之,就是班级管理主体师生通过实施一系列的管理手段或职能,希望班级沿着一定轨道发展,最终达到理想的规格或状态。

二、班级管理目标的特点

(一)方向性

班级管理目标的方向性是指:班级管理主体通过一系列的班级管理活动希望达到的一种未来的目标,总是指向一定的方向。它为整个班级组织以及其中的学生个体指明了奋斗的方向,展现出预想的前景。不体现一定方向的目标是不存在的。班级管理目标的设定既可以为教师的班级管理工作提供指导,也可以为学生的班级活动指明前进方向。

(二)社会性

班级管理目标的社会性是指:班级是一个社会组织,它是整个社会系统的一个组成部分。学校的发展要受到社会政治、经济和文化等各种因素的制约。班级作为社会组织的一个组成部分,它的发展要与社会性质、社会发展的总目标统一方向。根据相关法律的规定,我国学校的管理目标必须体现我国的社会主义性质，要贯彻党和国家的教育方针政策、法律法规，班级管理目标也是如此[①]。

（三）规定性

班级管理目标的规定性是指：班级管理目标既规定着班级管理工作应达到的水平和程度，又规定着学生素质发展的质量标准的特性。任何规定性，既包含定量化的规定，又包含定性化的规定。定量化是指用标准的数据或数量关系来反映工作质量和学生质量的规定性；而定性化是指用标准状态或指标体系来反映工作质量和学生质量的规定性[②]。多数人认为，定性化的规定没有定量化的规定精确，定量化更能为班级管理组织的成员接受和认可。其实，最理想的规定性应当是定量化和定性化的有机结合，这样才能确保班级管理目标更好地实现。

（四）层次性

班级管理目标的层次性是指：不同层级的管理目标之间具有从属、递进的关系。上一层次管理目标的实现是由下一层次目标的铺垫、完成决定和支配的。如果没有下一层次目标的有效实现，那么上一层次目标的实现是不完美或不可能的。班级管理目标是班级管理建设的方向和标准，是比较抽象、复杂以及纲领性的目标。必须将整个目标分解为各个层次的子目标，逐层实现，才能最终完成总目标。

（五）多样性

班级管理目标的多样性是指：具有相对独立性的不同班级管理目标呈现出多种多样的特性。这种多样性，从横向来看，呈现出类别的多样性，如既有科学决策、组织实施、检查评估、总结提高等工作质量目标，又有社会素质、心理素质、生理素质等学生素质目标。从纵向来看，呈现出层次的多样性，如世界观目标、人生观目标、价值观目标等。我们在此探讨班级管理目标多样性的目的，是为了使班级管理主体明白，各个层次不

①张作岭.班级管理[M].北京：清华大学出版社，2010:44.

②吴旋州.班级管理学[M].西安：陕西人民出版，1997:150.

同种类的目标，具有各自的独特地位，是其他目标不能随意替代的。为此，在班级目标管理中一定要重视并摆正各种类型目标的地位，防止出现主次不分，或主次颠倒、喧宾夺主的现象[①]。

(六)可行性

班级管理目标的可行性是指：班级管理中确定的方向和标准在经过班级管理主体的努力和行动后能够实现或达到。班级管理目标必须是经过努力后可以实现，必须有具体的可操作的内容，而不是空谈的理想或理论，只是一个口号似的纲领。因此，班级管理目标的制订必须结合班级的实际情况，符合班级管理的规律，具有可行性。

(七)集体性

班级管理目标的集体性是指：班集体本身是由许多个体共同组成的，这就决定了班级管理目标的制订不仅要以班级整体利益为主，同时更要兼顾班级中每个成员的发展和需要。

三、班级管理目标制订的依据

只是了解班级管理目标的含义和特点是不够的，如果要制订班级管理目标，还必须了解制订的依据，即这些目标为何要制订，为何要制订这样的目标而不是其他的目标。制订班级管理目标要根据主客观条件，既要符合社会对学校教育的总要求，又要符合学校管理目标的要求；既要符合学生的实际情况，又要考虑到客观的条件，否则容易陷于盲目性，或不可行性。制订班级管理目标要有以下具体的依据：依据社会对教育的总要求和学校的总要求；依据社会背景和社会、学校的客观条件；依据对学生的全面的、客观的分析，要有针对性；依据班级的特点(学生组成、状况和条件，任课教师状况等)、办学条件(财力、物力、学校所处的地位)；等等[②]。

制订班级管理目标是班级管理中的一件大事，它直接关系到班主任

①吴旋州.班级管理学[M].西安：陕西人民出版社，1997：152.

②白铭欣.实用班主任学[M].南京：江苏教育出版社，2009：334.

工作的成败，同时关系到学生的成长方向和成长程度。因此，班主任要十分认真地考虑各种“依据”的状况，制订出切实可行的班级管理目标。制订班级管理目标，不能闭门造车，必须集思广益，征求有关教育部门和有关任课教师的意见。尤其要在目标制订过程中让学生积极参与和认同，这往往是实现目标的有力保证，同时也会增强学生的主人翁意识和责任感。学生参与制订班级管理目标，还能使学生增强目标意识，熟知目标要求，有实现目标的紧迫感和主动精神，最终保证目标更好、更有效地实现。

四、班级管理目标的地位和作用

班级中的一切活动，都应该以班级管理目标为导向，并在此指导下进行。班主任班级管理工作的安排与实施，班级管理者对班级管理活动中出现的各种矛盾的解决，班级管理工作的检测与评价，都需要班级管理目标的指导。班级管理者和班级管理对象都要掌握班级管理目标，甚至学生家长也要对班级管理目标有所了解，以便和班主任协同并进，营造良好的班级管理和学习氛围。也就是说，班级组织的所有成员及其相关人员应该把班级管理目标作为班级管理教育实践活动的努力方向和行为标准。

既然班级管理目标在班级管理教育实践活动中有着如此重要的地位，这就决定了它对建设良好的班级组织、培养学生成为合格人才的重要作用。班主任、与班级相关的教师，以及学生家长应该把班级管理目标作为各种班级管理实践活动的导向标、晴雨表。班级管理目标的具体作用主要表现为四个方面。

（一）激发功能

班级管理目标的激发功能是指：班级管理目标能激发班级管理主客体的教育管理需要，成为进行班级教育管理的动机，同时支配其进行班级教育管理活动的作用。反之，班级管理一旦失去了目标，就没有了方向，失去了动力，班级管理主客体进行班级教育管理的主观需要就无法被激活，成为其进行班级管理的动机，那就谈不上发挥班级管理的育人功能、提高班级管理绩效。

(二)导向功能

班级管理目标的导向功能是指:班级管理目标对班级管理主体的班级教育实践活动具有导向作用。它具体表现在两个方面:一方面是指对班级管理工作具有导向作用,另一方面是指对学生健康和谐发展具有积极的导向作用。可以说,班级管理目标制订得越合理、正确,最终发挥的导向功能越大。为此,在班级教育管理实践活动中,务必制订出正确的班级管理目标,发挥它积极的导向功能,保证培养合格的新型人才。

(三)凝聚功能

班级管理目标的凝聚功能是指:班级管理目标对班级全体师生进行班级教育管理活动的认知态度和动机行为具有凝集聚合的作用。具体表现为班级全体师生在班级管理活动中,相互配合,相互协调,团结一致,齐心协力,统一行动;否则就会表现得各自为政,我行我素,甚至演变为内耗丛生,冲突四起[①]。

(四)标准功能

班级管理目标的标准功能是指:在进行班级教育管理实践活动中,班级管理目标起着标尺准绳的作用。这种准绳作用既体现在它是进行班级管理活动的质量标准,又体现在它是检测评价班级管理效果的标尺依据。否则,班级管理活动既不知要达到什么样的水平程度,又没有了检测评价绩效高低、效果大小的依据和准绳[②]。

五、班级管理目标的种类

从不同的视角,依据不同的划分标准,班级管理目标可以划分成不同的种类。以下我们主要讨论五种不同的划分标准及其相应的班级管理目标种类。

---

①吴旋州.班级管理学[M].西安:陕西人民出版社,1997:154.

②吴旋州.班级管理学[M].西安:陕西人民出版社,1997:153-154.

(一)依据目标规定的全班学生的暂时发展水平划分

依据目标规定的全班学生的暂时发展水平,可以把班级管理目标分解为高层次目标、中层次目标和低层次目标。

1. 高层次目标

高层次目标是指针对班级全体学生的发展水平现状,结合学校的班级管理目标,制订的最高层次的班级管理目标。它是班级教育管理活动所要达到的最高目标,为班级管理主体和客体规定了行为发展的最高标准。

2. 中层次目标

中层次目标是指低于班级管理最高层次目标,需要最大程度实现的中等程度的班级管理目标。它的实现难度低于高层次目标,但并不是说它容易完成和实现。想要完成中层次目标仍需要教师和学生共同付出较大的努力。

3. 低层次目标

低层次目标是指班级教育管理活动所要实现的最基本的或最低程度的目标。它规定了班级管理主体进行班级教育管理活动的最低行为标准,是最容易完成和实现的。低层次目标是实现中层次目标和高层次目标的基础和铺垫,它为较好地实现中、高层次目标奠定基础,对班级教育管理活动同样重要。

(二)依据目标规定的时间范围划分

依据目标规定的时间范围,可以把班级管理目标分为近期目标、中期目标和远期目标。

1. 近期目标

近期目标是指班级教育管理活动最短时间或最近时期内要实现的班级管理目标。近期目标一般包括日目标和周目标。日目标是指班级教育管理活动一天内要实现的班级管理目标。它由一周的班级管理目标分解而来,规定着班级当日变化发展的质量水平和规格状态。它要具有很强的实践操作性和检测评价性。周目标是指班级教育管理活动一周内要实现的班级管理目标。它是由一月的班级管理目标分解而来，规定着班级一周变化发展的标准、规格和状态。周目标必须是具体的、切实可行的。

2. 中期目标

中期目标是指班级教育管理活动在较长一段时间内要实现的班级管理目标。中期目标一般指月目标。月目标是指班级教育管理活动一月内要实现的班级管理目标。它由一个学期的班级管理目标分解而来，规定着班级一月内变化发展的质量标准。它具有战术性，需要合理制订。

3. 远期目标

远期目标是指班级教育管理活动在长时间内要实现的班级管理目标。远期目标一般包括学期目标和年目标。学期目标是指班级教育管理活动一学期内要实现的班级管理目标。它具有整体性的意义，需要班级管理主体合理规划和制订。年目标是指班级教育管理活动一年内要实现的班级管理目标。它主要为班级管理主体和客体规定了班级一年变化发展的质量标准或规格状态。这类目标一般具有高度的概括性和追求完美的全面性，是战略性目标[①]。合理制订此类目标，对班级管理主客体确定行为导向和规范具有重要意义。

(三)依据目标的具体内容划分

依据目标的具体内容，可以把班级管理目标分解为品德管理目标、学习管理目标和健康管理目标。

1. 品德管理目标

品德管理目标是指班级管理主体通过一定的班级教育管理活动，对学生群体的思想品德进行教育管理，以提升其思想品德素质水平的目标。现今，学生思想品德素质的提高已成为班级教育管理活动的一个重要目标。品德管理目标的实现对于班级管理其他一系列目标的实现至关重要。学生群体的品德管理可以为班级管理的其他活动奠定良好的素质基础。

2. 学习管理目标

学习管理目标是指班级管理主体通过一定的班级教育管理活动，以

①吴旋州.班级管理学[M].西安：陕西人民出版社，1997：157.

实现提高学生群体的学习水平的规格和标准。学习管理目标一直是班级教育管理活动中最重要的目标,其他一切目标的制订和实现最终都是服务于学习管理目标的。制订正确而合理的学习管理目标可以调动学生群体和个体的学习积极性,保证班级教育管理活动的顺利进行。

3. 健康管理目标

健康管理目标是指班级管理主体通过一定的班级教育管理活动,以实现对学生群体的身体素质水平提高的方向和标准。健康管理目标可以说是班级管理目标的基础目标。因为学生群体或个体只有具有健康的体质,良好的身体素质,才能确保其他班级管理目标的实现,否则只是"无米之炊"。所以,制订合理完善的健康管理目标对学生个体和群体,乃至整个班级管理目标的实现都意义重大。

(四)依据目标规定对象不同划分

依据目标规定对象不同,可以把班级管理分为学生个体目标、学生群体目标和班级集体目标[①]。

1. 学生个体目标

学生个体目标是指规定学生个体发展成为具有优良身心素质的个体的目标。如自然知识、社会知识、思维知识等文化科学知识班级管理目标;又如思想观、政治观、经济观、道德观、法制观等社会观班级管理目标;再如爱国感、集体感、责任感、义务感、荣辱感等情感素质班级管理目标。

2. 学生群体目标

学生群体目标是指规定学生群体发展成为有效成熟学生群体的目标。如外在目标和内在目标、自愿目标和非自愿目标、现实目标和非现实目标、长期目标和短期目标等。

3. 班级集体目标

班级集体目标是指班级集体共同活动希望达到的标准状态。如全班学生学习活动班级管理目标,全班学生行为表现班级管理目标,集体士气、集体凝聚作用班级管理目标等。

①吴旋州.班级管理学[M].西安:陕西人民出版社,1997:155-156.

（五）依据目标值的不同性质划分

依据目标值的不同性质，可以把班级管理目标分为数量目标和质量目标。

1. 数量目标

数量目标是指用数据来说明目标值的目标。如每个拼音、词组抄写5遍，每篇课文读3遍，每天写1篇日记，每个英语单词读3遍写3遍，某个动作练习5分钟，期末考试班级数学成绩平均分达到92分……不难看出，数量目标主要侧重于使用数量来说明目标所要达到的水平和程度，它直观简洁、一目了然。

2. 质量目标

质量目标是指用语言文字描述目标值的目标。如期中考试班级成绩达到年级前列，学生懂得尊敬师长、爱惜粮食等。有些目标像人生观、价值观、苦乐观、生死观、自然美、行为美等，不适宜用数量来表达。然而，现实的班级管理目标中，许多班主任常常喜欢过多地使用数量目标，而不愿使用质量目标，甚至用前者代替后者，忽视两种目标的有机结合。若想更有效地实施班级教育管理活动，两种班级管理目标合理的结合制订使用才是最可靠的。

六、班级管理目标制订的原则

了解班级管理目标的含义、特点、制订的依据和作用等，是为了制订有效的班级管理目标。班级管理目标的制订是一项复杂而重要的任务。目标如果制订得不合理，就无法为学生所接受，最终只是纸上谈兵，无法实现。

班级目标的制订与执行，让学生在班级生活中有固定的规律可循，教师只要掌握班级目标管理的重要内涵与策略，就可以有效掌握班级情况，营造一个学习型的班级组织。班级管理目标的制订，需要教师和学生通过不断协商和调整，才能将其拟订并付诸实践。

班级管理目标的制订必须遵循以下原则：

(一)具有班级生活的理想性

班级管理目标的制订必须符合社会生活,并结合学校的班级管理目标。因此,班级管理目标的制订首先必须符合社会的需求,其次要将班级教育管理带往理想的方向。所以,班级管理目标应具有各种生活的理想性,并且可以达到有社会效应的效果。

(二)应该由班级成员共同制订

班级管理目标是班级中包括班主任、任课教师以及全体学生都应该努力达到的要求。因此,班级管理目标的制订就应该由全体师生,依据社会、学校、班级生活等各种需求,以及学生个体在班级生活中的需要,通过集思广益的方式制订。这样就可以使班级管理目标的内涵更为合理化,并有助于班级管理目标的最终达成。

(三)制订目标必须具有层次性

班级管理目标在初步拟订时,应该由班主任制订班级的近期、中期、长期目标,这样才能循序渐进,逐步完成各种预定的目标。因此,班级管理目标的制订必须包含总目标和分目标,如此才能达到分工详细,有明确的效果,否则就会漫无目的,毫无动力。

(四)目标制订必须具有一致性和一贯性

班级管理目标的制订必须前后一致、上下连贯,不可以存在相互矛盾或者前后不一的情形,以免造成学生在遵守和实行上的困难,同时也有利于教师教育管理工作的开展和实施。例如,近期目标、中期目标和长期目标三者之间,应当是循序渐进,前后呼应,彼此相辅相成。在具体制订班级管理目标时,应该首先制订长远目标,再设定中期目标,进而制订近期目标。

(五)满足不同个体的不同需求

在实际的班级生活中,不管是教师还是学生都有个人的各种基本需求，例如衣、食、住、行、育、乐等各方面的不同需求，教育的基本需求也在于满足个体的各种需求。所以班级管理目标的制订，必须以满足个体的各种需求为原则。

（六）目标应该是切实可行的

班级管理目标的制订除了应该具体化之外，也应该估计目标本身的可行性，不可以盲目地制订各种班级管理目标，导致目标过于遥远、不切实际，学生无法达成而只能被束之高阁。因此，在制订班级管理目标时，务必要考虑学生在各方面的发展情形，结合班级管理的各种具体任务，制订切实可行、具体明确的班级管理目标。

第二节　班级目标管理方略

一、班级目标管理的含义

目标管理是指以目标为导向，以人为中心，以成果为标准，使组织和个人取得最佳业绩的现代管理方法。目标管理亦称“成果管理”，俗称责任制，是指在企业个体职工的积极参与下，自上而下地确定工作目标，并在工作中实行“自我控制”，自下而上地保证目标实现的一种管理办法。美国管理大师彼得·德鲁克于1954年在其名著《管理的实践》中最先提出了“目标管理”的概念，其后他又提出“目标管理和自我控制”的主张。德鲁克认为，并不是有了工作才有目标，而是相反，有了目标才能确定每个人的工作。所以“企业的使命和任务，必须转化为目标”，如果一个领域没有目标，这个领域的工作必然被忽视。因此，管理者应该通过目标对下级进行管理，当组织最高层管理者确定了组织目标后，必须对其进行有效分解，转变成各个部门以及个人的分目标，管理者根据分目标的完成情况对下级进行考核、评价和奖惩。

这种理论后来被广泛使用，在班级管理中是一种值得重视的方法。班级目标管理是指班级必须把自己的教育管理目的转化成班级管理目标，要求班级全体学生依据班级管理目标的质量标准，为各自确立活动发展目标，且通过有机的自我调控实现各自的活动发展目标，来保证班级管理目标彻底实现的教育管理方法。其实质就是班级的每个学生在班级教育管理活动中，进行自我调控，矢志不移地实现个人目标，以促进班级管理目标的完全实现。它的核心是强调全班每个学生实现个人目标的成果和绩效，重视对成效的价值判断和客观评估。其特点是以班级管理目标作为全班每个学生活动发展的指南，且以每个学生实现各自活动发展目标的程度来评价学生对促进班级发展"贡献"的大小。

班级目标管理的理论依据是行为科学的Y理论。这种理论具体到班级教育管理实践活动中，即假设学生是愿意承担责任的，愿意做出贡献的，愿意有所成就的，不是由于班主任或科任教师要求学生做什么或告诉他去做什么，而是由于学生认识到这是客观要求，他采取行动，并不是要求他行动，而是学生自己决定采取行动。当然，学生的责任心、成就感不是天生的，而是班级管理主体教育管理的结果[①]。

二、班级目标管理在班级管理工作中的优越性和局限性

班级目标管理"强调以目标指导行动，以成果和贡献作为管理活动的重点，特别是强调目标实现的整体意识，具有向量性、整体性、时效性和激励性的特点"[②]。所以班级目标管理是通过目标来激励和调动班级成员的积极性的；它特别重视班级管理活动的成果，重视以班级目标指导师生的行动，并以目标的实现程度来表现它的成果状况。班级目标管理在班级管理工作中有许多优越性[③]。

第一，它能把班级具体工作任务转化为目标，使班集体的成员都能够知道自己行动的规范和方向，以此作为对自身的要求和约束，并指导和规范自己的行为。这样，班集体的成员就使个人在班级管理过程中的角色地位发生变化，由被动变主动，成为"管理"的主人，增强了学生班级管理的主动性，同时更有利于集思广益。

第二，它体现了师生共同参与管理班级的意识，人人都成为有明确目

①吴旋州.班级管理学[M].西安：陕西人民出版社，1997：162-163.
②顾明远.教育大辞典[M].上海：上海教育出版社，1992：251.
③白铭欣.班级管理论[M].天津：天津教育出版社，2000：53-54.

标意识的管理者。这就使班级教育管理工作从班主任唱“独角戏”，变成全体任课教师及全体学生的“合唱”，这样的管理效益和成果必然更好。

第三，班级目标管理强调以目标指导行动，因此目标的实现过程就很明显并且容易检测评价。这样，班级管理工作就会更为有序和正常地运作，也更容易进行调节和调整。学生更容易自我控制和调节，班主任更能够把握管理的主动权。

任何事物都有两面性。虽然班级目标管理有许多显著的优越性，但是它也存在不可避免的局限性。例如，班级目标管理的权限和职责分配不均或不合理时，它可能就是班主任或少数积极分子的“独角戏”，从而引起班级其他学生的不满，不能吸引班级全体学生参与管理，最终也无法实现目标。另外，班级目标管理的评价指标较难确定，班主任和学生在具体管理工作中可能会以主观判断为主，导致指标的虚设，不利于班级管理。有些班主任在具体班级目标管理时可能会主观偏袒“好生”，而对所谓的“差生”另眼相看，这也是不合理的。所以，班级目标管理确实存在一些不可避免的局限性，这就要求班主任以及班级全体学生在具体的班级目标管理中扬长避短，不断自省和相互监督，尽量克服其局限性，争取发挥更多优越性。

三、班级目标管理的特点

班级目标管理的优点是明显的，它的特点也很突出。

第一，整体性。因为班级管理目标是班级工作整体要求的最终归宿和落脚点，是班级工作共同成果的预期。从管理的具体过程来看，这种目标的最终实现需要班主任、任课教师和全体学生共同参与，需要每个成员都付出努力。这就是说每个集体成员都有各自的目标，而这些独立的个体目标同时还扮演着另一个重要的角色——实现班级大目标的有机组成部分。

第二，效益性。班级管理目标水平越高，完成目标的效果越好，就越能说明班级管理工作成效大。这样就使班级目标管理的成效成为班级管理得失的关键。因此任何形式主义、走过场都为班级目标管理所不容。这就使集体的每个成员都能自我监督，重视取得的成果，并激发他们的主动性、创造性和进取性。

第三，激励性。当班级目标成为每个师生的共同目标和个人目标时，人的作用就突出了。目标要求、目标意识、目标责任、目标评价，都会激励班级成员成为自觉的、有责任感的、有主体意识的班级管理者。这样不仅能使班级管理工作更有成效，同时又可以通过管理工作充分发挥教育的作用，因而对学生的成长、成才、成功和成人都有着更深远的意义。

四、班级目标管理的过程

班级目标管理的过程一般分为三个环节，这是相互贯穿的有序的活动，其间有着不可分割的关系。

（一）确定目标

班级目标管理的第一个环节是目标的确立。确定目标是指为班集体全体成员制订目标的过程。这是班级管理工作开展的基础。没有目标又何来“管理”呢？因此确立切实可行的目标至关重要。

第一，目标的确定在心理上是以人的上进心、进取意识为基础的。这不仅是目标确定的内动力，也是目标实现的心理保证。没有进取心的个人和集体，实行目标管理是不可能的。进取心又能够成为一种自觉的激励和调控条件，这又是目标管理不可缺少的。

第二，在确定目标的过程中要经过班级全体成员充分讨论，可以通过多种手段，例如讨论组、辩证会等组织形式，发动班级成员进行辩论和论证，这个过程往往是调动积极性的过程。讨论和辩论得愈充分，班级成员的主人翁意识愈明确，参与和实现目标的愿望愈强，对与目标相悖的行为抵制得愈坚决。通过充分地酝酿和讨论，班级成员又能形成对目标的认同和行动上的和谐，能使班级管理中实现目标的步伐更快，有利于班级集体的目标顺利达到。

第三，目标的确定不仅要在班级集体内集思广益，同时要比照和学习其他班级有效的目标管理经验，要征求其他老师和学校各部门的意见，更要主动争取学校领导的指导和支持。

第四，确定的目标必须适中可行，是有效、具体、可操作、且定性和定量相结合的目标。适中的目标不仅能提高实现目标的效率,而且能提高评估目标的质量。

第五,目标的确定要与学校大环境相协调,与学校要求相一致,与社会的要求相一致,不能背离这个大方向。

(二)实施目标

班级目标管理的第二个环节是实施目标。实施目标是指组织班级全体学生实现已确定目标的过程。任何目标的达到都要有实施的过程,有按目标要求去努力进取的过程。实施目标就是依目标的要求,从各个方面逐步实现目标的过程。这是班级目标管理的核心,主要应做好两个方面的工作。

1. 分解教育管理权力

分解教育管理权力是指把实现设置目标的教育管理权力分解给不同层次、相应角色的学生的过程。这样做的目的在于,使不同角色的学生在承担目标责任的同时,具有相应的教育管理权力,在实现目标之后,应受到相应的表扬和奖励,真正做到"责、权、利"相统一。否则,只有目标责任而没有相应的奖罚措施,学生自主管理就失去了存在的基础。如分层授权之后,学生在实现各自目标时,可自定方式,自选方法,随机应变,不受其他人的影响;是按时完成任务,还是提前完成或超额完成,可快可慢,不受预定时限的制约。分解授权的具体过程是班主任或任课教师把自己的教育管理权力,分解给常务班长、值周班长、值日班长、值日委员、非值日人员。一般要求常务班长负责一月班级管理目标的实现,要求值周班长负责一周班级管理目标的实现,值日班长负责一天班级管理目标的实现,值日委员负责每天各自活动小组学习生活任务的完成,非值日人员负责完成各自每天的各项学习生活任务。然而,分层授权并不等于放权,为此,班主任和任课教师还要通过班级的管理层次和管理幅度,充分发挥自己的教育管理权力,确保分权和集权的辩证统一。

2. 各自有机自我调控

各自有机自我调控是指班级不同角色的学生,为实现各自层次的班级管理目标,进行有机自我调节和自我控制的过程。即在自己职权范围内独立自主地实现目标,如值周班长为实现一周的目标,就可自我调节、自我控制;值日班长为实现一天的目标,就可有机调控,灵活“作战”……简而言之,不同角色的学生在选择实现目标的方法上,可“八仙过海,各显其能”。由此可见,自我调控实质是内部控制。不过,在肯定内部控制的同时,不能排斥外部控制,否则,班级不是失去方向,就是陷入困惑。例如,实施上述完成作业目标的具体过程是:值周班长教育管理本周的五位值日班长,通过有机自我调控来实现本周每天的完成作业目标,以保证本周完成作业情况达到设计的质量标准;值日班长教育管理当天的六七位值日委员,通过有机控制来实现各个活动小组的完成作业目标,以保证全班当天完成作业的各项指标符合具体要求;值日委员教育管理各自活动小组的五位或七位非值日人员,通过有机调节和控制,促使各位非值日人员实现各自的完成作业目标,以保证各自活动小组完成作业目标的实现;非值日人员进行自我教育管理,通过实现各科的完成作业目标,来保证每天完成作业目标的实现。然而,这并不意味着班主任和任课教师在实施完成作业目标的过程中,可以袖手旁观,只看学生“演出”。相反,要求班主任和任课教师对不同角色的学生实现各自层次目标的过程予以指导,使班级全体学生实现完成作业目标的过程处于受控状态。

以上是在实施目标中应着重抓好的两项工作,与此同时,还要严格控制日目标、周目标、月目标的实现,来保证学期目标和学年目标的彻底实现①。

(三)检评目标

班级目标管理的第三个环节是目标的检评。检评目标是指以确定的目标为依据和准绳,以事先设计的质量标准为标尺,对班级不同角色的学生实现各自层次目标的程度进行检测、判断和评价的过程。班级管理的成果是以目标的实现程度来评价的,因此对实现目标的考评相当重要。目标考评的作用如下:一是检验评定班级目标管理的具体成效,是检验目标实施的程度。目标实现或未实现的状况,在执行目标过程中的得失,班级成员在执行目标时表现的优劣等。二是通过目标的检评,能使班级工

①吴旋州.班级管理学[M].西安:陕西人民出版社,1997:166-168.

作成绩、个人的突出表现得到充分的肯定,从而增强班集体的信心,对班级成员有鼓舞和激励作用。同时通过考评也能够找到差距和不足,以便吸取教训,使班级管理工作少走弯路。三是目标的检评能够对班级成员起明显的导向作用和“示范”作用。考评工作中肯定什么、赞扬什么、鼓励什么,都是具有“示范”意义的导向。反之,考评工作中否定什么、批评什么、贬抑什么,又是另一种意义的“导向”。这对班级目标管理中大多数人的行为走向非常重要。班级目标管理中考评工作要经常进行,对于考评的指标要把握得比较科学和准确,也要使全体班级成员对“指标”有比较清晰明确的认识。

总之,班主任应该认识到,班级目标管理的过程是个不断引导学生向目标前进的过程,即从一个目标迈向另一个新的目标。在班级管理活动中,在师生心中都有“目标”的情况下,班级集体进步快,学生成长迅速。当师生目标意识模糊,或者缺乏目标意识时,班级活动就难以开展,班主任就很难抓好工作。所以在班级管理过程中,班主任要不断地用“目标”来引导和激励学生,用目标的实现来肯定学生,并以此激发他们不断奔向新目标,对自己提出更高的新要求。

五、班级目标管理的要求

班级目标管理是班级管理活动中行之有效的管理方法,但它也要达到某些要求才能更好地发挥作用。

(一)目标的一致性

目标的一致性是指班级目标要与学校目标一致,要在学校目标下开展班级管理工作。“一致性”还表现在班级整体目标与班级组织目标的一致上,这是目标管理的重要一点。班级各种组织开展活动都要符合班级目标要求,并且是为实现班级目标要求而开展的。“一致性”也表现在班主任、任课教师与学生的一致上,使班级工作形成正向合力。班级工作“一致”的程度越高,管理工作就越会有成效。这种“一致”的核心是班主任,就是说要由班主任把握和调节这种“一致”,促进这种“一致”。

班级目标管理过程中建立“一致”的机制和运作状态是重要的课题,

也是比较困难的问题。班主任要对班级管理有宏观思考和整体的把握,密切注意出现"不一致"的原因和条件,并及时予以排除。有的班主任只注意抓具体矛盾,或是孤立地去处理班级内发生的问题以及个别学生的问题,而忽视对这种"矛盾"和"问题"背景的发掘。这就会使班级管理工作陷于就事论事的层次,从某种意义上失去"一致性"。

(二)目标内容的主次和实施的先后

班级工作是最基础的工作,表面看来似乎只要把学生"管住"、"管好"就可以了,其实不然。"麻雀虽小五脏俱全",班级工作也是。班级虽小但工作内容俱全,尤其是面对成长中的学生,要全面提高他们的素质,忽视某一方面工作都会造成学生成长的缺失。这就对班级管理提出了问题,即班级工作内容千头万绪,学生千变万化,到底要抓什么?回答这个问题既简单又不简单,简单的回答是抓班级工作的主要矛盾,但这个"回答"在具体操作中又困难重重。因而必须明确或学会识别主要矛盾。这种矛盾在班级活动中往往是具有普遍性的问题,是班级多数成员迫切需要解决的问题,是影响和制约班级活动发展的问题。抓住这个矛盾,其他矛盾就容易解决了。实行班级目标管理,班主任一定要突出抓班级工作的主要问题,突出抓主要矛盾,善于抓住"纲",这样就会事半功倍了。尤其是有关学生健康和发展的主要问题,班主任一定要始终抓住不放。

班级工作千头万绪,要实施的内容很多,班主任要在实施班级管理过程中因时、因事、因人制宜,要在实施班级管理工作中注意工作的次序和工作的连贯性。在这个过程中,班主任要心中有数,要有实施班级目标管理的有序的思考和安排,不仅要安排好先做什么后做什么,还要注意内容的衔接、内容的层次以及内容的深化,这样才能使班级目标管理真正科学化、有序化。在班主任实施班级管理工作中,切忌随意性和零敲碎打。班主任要认识到,不是做了工作就一定能产生效果,而要讲究工作的质量和目标实现的程度。

(三)目标评价的准确可行性

班级目标管理的评价环节对整个班级管理工作能产生极大的影响,

所以目标评价是班级管理过程的重要组成部分。不能把“评价”看成管理过后的一项总结式的工作。目标评价不仅要对目标成果做出判断，还要渗透在执行目标的过程中。班级管理工作从某种意义上来说是在不断评价中发展的。在班级目标管理中要重视评价的工作，要把握评价的分寸，更要使评价准确和科学，还要使评价真实可信。要使目标评价准确可行，需要注意以下几个方面：第一，要确定比较可行的评价标准。对这种标准要尽量能够量化或进行较准确的表述。这样就能在评价者和被评价者心目中有统一的标准，有一个公平的尺码。第二，目标评价要靠人来掌握标准，这就要求评价公正和全面，要求评价者能够真正把握评价标准，熟悉评价对象，既有对“事实”的准确认识，也要有辩证的思考。第三，班级目标管理的评价，是面对班级成员的既定评价，不能忽视这种评价意见。可能在某些时候，在某个问题上这种既定评价不一定准确，不一定科学和全面，但已经形成的这种既定评价，总是有前因后果的，总是有评价者自己的道理，所以不能简单地肯定或否定，要在评价活动中集思广益，听取不同的意见，从而得出较准确的评价意见。“评价”是教育活动，“评价”的宗旨是使广大班级成员提高认识，加深对目标的理解。班主任切不要忘记或忽视这个问题①。

六、班级目标管理的条件

有效进行班级目标管理，应具备的条件主要有：

(1)弄清班级目标管理的实质、核心、特点及其理论依据。

(2)知晓班级目标管理的优越性和局限性，并清楚怎样发挥其优越性，如何克服其局限性。

(3)在设置具体而切实可行的目标时，要吸收学生参与，杜绝“闭门造车”。

(4)教育管理权力逐层分解，实行“责、权、利”的有机统一，千万不能手握“大权”，实行“高压统治”。

(5)要求学生自我调控、自主管理。同时，要注意培养学生的责任感、

①白铭欣.班级管理论[M].天津：天津教育出版社，2000：58-60.

成就感、自信心等。

(6)教给学生自我评估、相互评估的方法策略,要求学生评估时必须客观公正。

(7)根据评估结果及时进行奖罚,否则,就是有责有权而无“利”。

(8)防止评估的结果仅停留在书面上,必须进行面对面的定性分析,相互商讨,求得目标在实施中所取得的成绩和存在的问题[①],以便进一步调控和改进。

①吴旋州.班级管理学[M].西安:陕西人民出版社,1997:169.

第四章　班集体管理实务

第一节　班集体的形成与发展

作为学校教育的基本单位，班级在源源不断的教育史长河中得以创立。而班级和班集体一直以来都是两个不同的概念，班集体是班级发展的高级形式。我们对“班级”和“班集体”进行研究，需要辨明二者之间的联系和区别，以期发现其价值，引导其实践。

一、班集体形成的因素分析

苏联教育家马卡连柯曾经说过：我们不可随便拿一群个别的人作为集体。集体是活生生的社会有机体，它所以是一个有机体，就因为它有机构、有权能、有责任，有各部分之间的相互关系和相互依赖。如果这样的因素一点也没有的话，也就没有集体了，所有的只是随随便便的一个人群罢了。由此可见，并不是所有的班级都能成为班集体，班级要成为班集体是有条件限制的。这里以芜湖市南陵县第一中学高一(11)班为例，分析班集体形成的因素。

(一)班集体发展目标

康德曾说：“没有目标而生活，恰如没有罗盘而航行。”目标的重要性从来都是深受肯定的。在日常生活中，当人们的行为活动有着明确的目标时，行为活动的动机就会得到维持和加强，人们会自觉地克服一切艰难险阻，努力向该目标前进。同理，班集体形成也需要确定具体的发展目标。班级的形成是以共同的奋斗目标为前提的，没有目标，班级的活动就会失去动力。班级发展目标的确定必须体现我国教育发展的要求，时刻牢记：教育必须为社会主义现代化建设服务，为人民服务，必须与生产劳动相结合，与社会实践相结合，培养德、智、体、美全面发展的社会主义建设者和接班人。在新班级成立之初，就要尽快确立适合的发展目标，该目标一旦被接纳，师生群体便会产生一种凝聚力，将师生紧紧联系在一起，为共同的目标而奉献自己的力量。同时，班级发展目标还会产生一种导向作用，通过对学生意识、行为和情感的适当调控，使班级向着师生期望的方向不断前进。当然，班级发展目标的激励作用也不容忽视，在师生群体和班级的共同发展中，必然会遇到很多意想不到的艰难险阻，目标将会给予他们克服困难的勇气，当师生的努力接近成功时，目标则会给他们更大的信心与热情。

南陵县第一中学高一(11)班建设与发展目标

德育目标：以成为一个成熟的班集体为目标，让学生有归属感、荣誉感，能自觉维护集体的利益，做任何事情都不流于表面。

智育目标：培养文化艺术修养和创造的技能。

体美目标：在正确的艺术意识中健康成长，快乐学习。

劳动目标：劳动的人为最美丽的人。

南陵县第一中学高一(11)班全面发展分解目标：

德育目标：班级文化建设大家做；各项集体(大集体、小团队)活动知荣辱；目标明确见效果，有始有终，不流于表面，不停于三分钟热情。

智育目标：正确地懂得艺术、运用艺术于个人及集体的生活环境中。在个人艺术修养的培养，班级文化的建设和画室文化的建设中实施良好的专业技能。

体美目标：进入高一，是各种事物的延续，更是一个重要阶段的开始。存在不足与劣势，原因只有一个，就是目标不够明确。

劳动目标：体力与脑力兼用于学习和工作上。

（二）班集体发展规范

班级的发展要讲究自由，然而，也不能过分地醉心于自由，不加限制的自由只会为师生和班级的发展带来无止境的危害。我们在此需强调班集体规范形成的必要性。班集体规范是为了促使班级目标的实现和班级活动的一致。现今对班集体发展理论的讨论中，有学者将班集体规范分为正式规范和非正式规范。正式规范是由正式文件明文规定的，比如说，学校和班集体规章制度以及学生守则等，它告知学生该做什么、不该做什么，对学生的行为起定向、约束作用；而非正式规范是班集体自发形成的或学生之间约定俗成的规范，如校风、班风等，这些规范虽是自发形成的，却像是一只无形的手在指挥学生的行为。无论是正式规范还是非正式规范，对学生所起的制约作用是毋庸置疑的，学生若有所违背，将会受到规范的谴责和惩罚，从而使学生顺从和遵守，保证学校教学和管理活动的有序进行。

南陵县第一中学高一（11）班发展和管理规范

班集体纪律、规范目标：巩固加强。在“人人有事做，事事有人做”的基础上，给“个性人士”一个“独善其身”的机会和空间，给热心人士一个“兼爱天下”的责任和义务。

班集体学风建设规范：团结互助、活泼进取。

班集体的人际关系规范：平等、互助。

班集体舆论和班风规范：积极、平等、互助、和谐的空间。“常立志，不如立常志”，做事懂得“总结—分析—反思”。

（三）班集体组织领导

在历史发展前进的过程中，任何一个阶级，任何一场运动，如果没有自己先进的领导集团，就不可能取得统治地位，班级的形成也是如此。凡是集体，就必须有一个坚定而有力的领导核心，班集体的领导核心即班委会和班干部。班委会是“班级学生委员会”的简称，其成员一般包括班长、团支部书记、副班长、组织委员、学习委员、纪律委员、劳动委员、文娱委员、生活委员、各科代表和小组长等班干部，各班干部之间分工明确、合作无间。建立健全班委会和班干部体制，有利于扩大班级的号召力，使班级形成积极向上的班风、浓郁的学习氛围与和谐的人际关系，对于发展优秀班集体有着促进作用。

南陵县第一中学高一(11)班班干部品德与职责

目标与规范：办事公正、以身作则、真诚坦率、关心同学、善于沟通、具有民主和奉献精神。

班长：协助班主任进行班级各项工作，全心全意为班级及同学服务。

团支书：组织开展团组织的各项活动。

组长：检查组员作业，并汇报给各科委员；组织组员卫生劳动，并报告卫生委员。

学习部长：检查各学科学习任务完成情况，并记录、汇报给任课教师。

生活部长：检查各组习惯表现，并记录。

卫生部长：检查各组卫生状况，并记录。

体育部长：管理图书，办理借阅、登记手续，发放报刊，记录班级日志。

宣传委员：布置黑板报、宣传栏。

组织委员：组织开展文娱、体育活动和比赛，并记录。

(四)班主任影响力

班集体发展与班主任职责息息相关。班主任作为全面负责一个班学生的思想、学习、健康和生活等工作的教师。他(她)是一个班的组织者、领导者和教育者，也是一个班中全体科任老师教学、教育工作的协调者。班主任的专业知识和职业素养影响着其与学生的交往，因此，在日常生活与教学中，班主任需不断深化自己的科学文化知识，并乐于与学生分享在学习中的所得;同时,班主任的职业素养也有赖于进一步提升,在与学生相处时,应和蔼可亲、平易近人、以理说人、以德服人,只有这样,在师生交往中,班主任才能取得主导性地位,引导学生向社会所需要的方向发展。

被弃置的种子与森林

我做班主任的时候,习惯把学生的座位一个月编排一次。编排的时候,除了身高和视力特殊的例外,其他的按顺序轮坐。每次编完座位后,我都会要求学生写“随笔”,把自己一个月以来所碰到的问题或有什么想法以“无记名”的形式写出来,这样存在于学生中的一些不容易被发现的问题就容易暴露出来。随后我把学生的“随笔”收上来整理,部分内容可作为自己后阶段管理班级工作的参考之一。

又一次重排座位后,我发现有一份随笔写道:两次编座位我都坐边上,老师看不到我,老师可能是放弃我了。我的心震了一下:怎么有这样的想法? 由于是“无记名”书写,我一时不知道这个学生是谁。我不动声色,第二天上课的时候,我特意在下课前五六分钟布置了一道简单的课堂作业,下课时把边上两组学生的作业本以抽查的形式收上来,这样通过字迹比较,没多大工夫就知道那字条是性格比较内向的江婷写的。

作为一个班主任(哪怕就是一名普通任课老师),我知道这是我的责任:让所有学生明白老师不会放弃任何一个学生。事后我没有马上找江婷谈心。两天后,部分学生开始淡忘“随笔”的事。当江婷到办公室交作业时我叫住了她。站在我面前的她把头低下去不敢出声。我没有直接跟她讲“随笔”的事,而是先让她思考一个小问题:你认为小鸟和森林有什么关系? 她思考片刻之后说:森林为小鸟提供了食物和栖息场所,小鸟为森林里的植物除害虫……

我表扬她能从生物学的角度考虑生物之间的关系,随后让她看一个小故事。故事的名字叫“鸟和森林”,一只小鸟在一棵大树上歇息的时候吃了树上的一只果子,之后继续飞翔。小鸟飞了一段路程,当它经过一片荒地的时候,向下排了粪便,粪便里有一颗小鸟没法消化的种子。小鸟继续往前飞,种子就这样被小鸟弃置在荒地上。小鸟并不知道,它弃置的种子没有放弃生命,经过阳光雨露的抚慰,在荒地上发芽成长了,到后来还形成了一片绿意盎然的小森林。待江婷看完故事后,我问她读了这个故事有什么体会,她沉默片刻后说:"老师,没看这故事之前我只想到森林和小鸟的表面关系,没想到一只平凡的小鸟也可以造就一片森林。"我赞许地说:"你能体会到这一点说明你的理解能力非常好。我们再从另一个角度理解一下,小鸟为什么可以造就后来的一片森林呢?因为它弃置了一颗种子在那里。种子没有因为被弃置而灰心,它发芽成长,最终成就了一片森林,一季的美丽、一季的丰盛都是弃置的那一刻带来的,所以有时候弃置是新生活的开始。"接着我拿出那份"随笔",江婷的脸一下子红了,她主动地说:"老师,对不起,那时候我心情很烦躁,所以乱写一通,我以后不会了。"我接着说:"不,你写得非常好,有问题就应该写出来或说出来。不管怎样,老师不会放弃任何一个学生,班里面每个座位都是好座位,每个座位上的学生都是我们班必不可少的一员。弃置的种子可以成就一片森林,更何况你没有被任何人放弃,所以你要努力,你一定会有出息的。"没想到她听了之后哭了,看见她的眼泪,我的心一下子轻松了很多,因为我知道她明白了。

二、我国班集体的发展现状

(一)新时期社会对班集体发展的要求

1. 科学技术发展为班集体发展带来新机遇

科学技术的发展提高了人们适应自然和改造自然的能力,也推动了社会生产力的发展。邓小平同志在二十世纪七八十年代便提出"科学技术是第一生产力"的著名论断,此后,在全国范围内又兴起了"科教兴国"

战略。随着时间的推移、理论的奠定和实践的检验,将科学技术运用于教育着实取得了很大的成效。网络发展作为科学技术发展的一个具体表现,被现代教育逐渐引进校园和班级,极大地冲击着陈旧的教学组织形式。在科学技术和网络的推动下,班级的发展产生了新机遇,网络向师生提供了丰富的信息资源,也为他们创造了精彩的娱乐空间,科学技术帮助学生将资源转换成动力,有助于创造一个信息集中、生产力十足的新型班集体,对于师生的发展必将带来益处。

2. 市场经济和知识经济为班集体发展提出新挑战

现今中国处在一个市场经济和知识经济占主导地位的时代,在这个时代中,学生的社会出身各不相同,而社会出身对于他们接受特定的价值观也产生了巨大的影响,直接导致他们的思维方式、价值观不同,这对于班集体的发展既是机遇,也是挑战。在当下的社会环境中进一步弘扬传统文化道德,我们需给予肯定。然而,在市场经济和知识经济的共同作用下,产生了许多不利于发展的价值观,如个人主义、拜金主义、享乐主义等,对班集体发展产生负面影响。

3. 以人为本的新理念为班集体发展引进新价值

中国共产党在十六届三中全会上提出了崭新的发展要求,即坚持"以人为本"。"以人为本"思想是科学发展观的核心,是我党坚持全心全意为人民服务的根本宗旨的体现。古今中外,许多著名的教育家、思想家都倡导让尽可能多的人都接受教育,如孔子的"有教无类"等,只有这样才能改善教化,社会才能得以发展。而"以人为本"作为一种新发展理念与前人的主张相呼应,为现代教育发展引进了新价值。在学生聚集的班集体中,为了向教育的主体提供更好的学习、生活环境,更要注意"以人为本",把每个学生的发展都当做教育的一种目的,对学生的主体地位予以最大程度的尊重,同时,充分考虑每个学生在发展过程中的不同特点,设计与之相匹配的教学活动与实践活动,培养学生,使之获得自信、自立与创造力。

(二)我国班集体发展现状

在构建和谐社会的新形势下,发展和谐的教育、和谐的学校皆是重中之重。班集体是教育和学校的载体,因此,如何建设和谐的班集体又是当代特别值得研究的课题。我国班集体建设的历史由来已久,在多年的摸索和改革中也逐渐取得了一定的成就。目前,我国重视扩大班集体的数量,使更多的适龄儿童能够获得平等的受教育权利,在此基础上,进一步扩大班级管理成员的数量,学生的自我管理水平得到提升;同时也注重改善班集体质量,为班集体配备优良的师资和完善的教学设备等。据调查,现阶段我国城市的普通初中专任教师,拥有硕士学位者占拥有硕士学位教师总人数的65.5%,农村的拥有硕士学位者达到11.2%;而城市小学专任教师,拥有硕士学位者占拥有硕士学位教师总人数的68.6%,农村的拥有硕士学位者占14.9%。虽然城乡差异依旧明显,然而,这种教师学历的提高对班集体建设的贡献仍然是不能忽视的。与此同时,据2010年《中国教育统计年鉴》可知,全国普通中小学的校舍建筑面积为141 751.04万平方米,小学体育运动场面积达标学校的比例为55.48%,体育器械配备达标学校的比例为52.19%,音乐器械配备达标学校的比例为48.55%,美术器械配备达标学校的比例为47.64%,数学自然实验仪器达标学校的比例为54.62%;而普通初中体育运动场面积达标学校的比例为69.53%,体育器械配备达标学校的比例为68%,音乐器械配备达标学校的比例为62.4%,美术器械配备达标学校的比例为61.67%,理科实验仪器达标学校的比例为74.55%。以上这组数据是令人欣喜的,此外,我国教育相关部门和一些学者还致力于研究探索新型的班集体建设和班主任队伍的建设体系。从2002年起,我国班主任专业化发展的研究已经开始,该研究把“让每一位班主任都学会建设班集体,构建我国中小学班集体科学理论体系”作为目标,引领班主任走专业化道路,为班集体建设尽全力奋斗。班集体在各种力量的推动下得到了长足的发展。

第二节　班集体管理的转型

班集体管理的实务是指在班集体这个特定的环境下,班主任(教师)按照一定的教育目标,采取相应的教育手段,带领全班学生对班集体中的资源进行计划、组织、协调和控制的动态过程。伴随着教育的不断发展和改革,班集体管理实务逐渐从传统走向现代,并不断改进、深化。

一、传统班集体管理的内容及弊病

(一)传统班集体管理的内容

1. 班集体思想品德管理

学生是祖国的未来,是社会主义事业的建设者和接班人。为了更好地弘扬社会主义精神,必须培养学生良好的思想品德素质。学校是德育的主战场,各班集体便自然而然地成为培养学生德育的作战地点。抓好学生的德育工作,提高学生的思想道德素质,历来就是学校教育的重中之重。随着社会开放程度的扩大,科技的迅猛发展,学生群体中的犯罪现象愈加严重,精神空虚、拜金主义的倾向也随之盛行,提高学生的思想道德素质成为国家、学校和班集体不容忽视的问题。要想打赢这场战争,就要从最小的作战地点开始,也就是说,班集体对于学生思想品德的培养和管理有着不可推卸的责任。现今班集体对于学生思想品德的管理主要集中在这样几个方面:第一,健康向上的舆论引导学生树立正确的人生观、价值观和世界观,为建设“四有新人”的目标打好基础;第二,班主任及任课教师在教授课本内容和对班集体进行管理时,将德育渗透在其中,学生在潜移默化中接受到教育;第三,开展丰富多彩的班级活动,以灵活多变的方式搞好学生的思想道德教育;第四,充分发挥班干部和优秀学生的模范带头作用,以榜样的力量增强学生的道德意识;第五,我们不能忽视班主任和优秀任课教师的作用,教师在教学中以身作则、言传身教,对于学生的道德发展有重要的作用。

2. 班集体学习管理

学生的天职是学习,而学生的主要学习环境是他所属的班集体,同学和老师皆是其学习的同伴。要管理学生在班集体中的学习,首先要管理的是影响学生学习的几个因素。第一,学习兴趣。班集体和教师要帮助学生培养合理的学习兴趣。俗话说得好:“兴趣是最好的老师。”学习兴趣也是学生学习的最主要动力,鼓励学生探索和发现事关重要。第二,学习态度。学习态度是学生对学习这项活动的评价和行为倾向,有积极和消极之分。积极向上的态度对于改善学习效率、提高学业成绩有明显作用。第三,学习能力。学习能力是提高学习效率的另一重要条件,每个学生的学习能力都是不同的。一个拥有较强学习能力的学生,其学业成绩的提高是显而易见的。第四,学习方法。越来越多的学生意识到了学习的重要性,好的学习方法可以获得更好的学习效果。

3. 班集体一般性事务管理

班集体不完全是学生学习和进行思想品德培养的地方,班集体是学生在学校中的"小家",而一个小家里自然有着很多的事件需要协调,这就涉及班集体一般性事务的管理。总体来说,班集体一般性事务囊括了除以上我们所谈论的品德和学习之外的所有工作,如建立健全班集体的规章制度,培养优良的班风,形成合格的班干部群体;班主任及任课教师对班集体的指导以及对班集体偶发事件的处理等。为了合理安排班集体一般性事务的管理,应注意以下要点:首先,要有正确的管理理念和原则,如"以学生为本"等;其次,要明确班集体各部门的分工,做到班主任、科任教师、班干部与普通学生,人人有权力,人人有义务;最后,对于班集体偶发事件,要做到"防患于未然",增强班主任和任课教师应对以上事件的能力和使命感、紧迫感和责任感,对各种紧急事件做好预案,竭尽全力保障师生的生命、财产安全不受威胁。

(二)传统班集体管理的弊病

班集体建设和管理向来任务繁重,且受着易变性和不稳定性等因素的影响,国家的基础教育不断改革,学校和师生的不断进步都为班集体管理带来新的机遇与挑战。传统的班集体管理体制已经渐渐适应不了现实状况的发展,其弊病愈加显现。

1. 班主任本位观念影响学生身心健康

班集体是一种特殊的社会群体,有其独立的目标和计划,班主任在这个群体中承担着学校教育的实施者、学生身心健康的辅导者和班集体管理的组织者。班主任在班集体中存在的历史悠久,从未有人质疑过该职位存在的必要性,不少人都认为,班集体缺少了班主任,就犹如正在大海航行的船只没有船长一般,毫无方向地行驶。现今,对于这样的观点,也有学者提出了质疑,他们指出,在目前学校的实际工作中,班主任大多是班级秩序的维护者,起到的是一个局限的领导作用。由于教师这种维护和领导班集体的职能有意无意地起作用,对学生具有表扬、批评、座位和班干部职位安排的“生杀大权”,导致了管理中班主任滥用权利和体罚学生现象频发,显然不利于学生的教育和身心健康。

2. 依赖观念制约学生创造力发挥

俗话说:“在家靠父母,出门靠朋友”,在学校自然是靠老师。这样的观念固然饱含着教师与学生之间的浓浓情意,但同时也显现出一种学生对教师的依赖特性。在传统的班集体管理模式中,班主任就像一个陀螺,始终忙着转不停,而班干部往往只是班主任和普通同学之间的传声筒。班干部的能力得不到发展,普通同学也只知道跟着班主任的安排按部就班,墨守成规。这样的依赖使学生忽略了学会学习和创造能力的培养。因此,班主任的工作重心并不应该完全放在“管理”上,而应更多地转向对学生的“引导”。“授人以鱼,不如授人以渔”,班主任应引导学生学习和学会自己学习,学会自己分析和解决问题,激发其创造力,这才是正确的“管理”。

3. 规范至上观念压制学生个性和人格发展

“没有规矩,不成方圆”,这是一个普遍遵守的规律,而在班集体这个特殊的群体中更是要强调规矩的重要作用。班集体整齐划一的规矩可以为班主任的管理带来便利,然而过分严格的规矩会使学生和班集体的管理走向另一个极端。“统一的校服,统一的发型,统一的行为规范”造就了没有任何明显差异的学生,学生的个性和人格只是彼此之间的复制,毫无生机。同时,在传统的班集体管理模式中,过分强调集体的利益和目标,并由此实行更严格的规范。在这种压抑的环境中,学生的自信、自立等人格品质都会受到很大的影响,普遍悲观和无望,一味地“遵守纪律,听老师的话”,没有独立的人格,这也算是当代教育的一大禁忌,需要受到足够的重视并寻求有效的解决方案。

二、新型班集体管理实务

(一)创建新型班集体氛围

在传统的班集体管理模式中,强调“以班主任为主,班干部次之,而普通学生为辅”的班集体氛围，学生是老师的附属。我们应深刻认识到这种管理模式的弊端，如不利于学生身心健康、创造力的发展等。所以，新型的班集体氛围更加强调民主、宽松的重要性，主张建设一个民主公平、团结友爱、充满活力、安定有序、人与人和谐共处的班集体组织。同时，也主张要让学生充分认识到“自我价值”，给学生提供自我管理的机会和实践。并且，为调动学生的积极性和创造性，倡导学生自发举行各种各样的集体活动，培养学生的组织能力与主人翁意识，激发学生的学习和活动的热情，让学生们在学习和活动的过程中发挥自己的优势，明确自己的定位，同时，也暴露自己的弱点，以便于在今后的学习生活中改正。

（二）创建新型班集体文化

班级文化是班集体内部形成的具有一定特色的思想、观念和行为规范的总和，是一个班集体内在素质和外在形象的集中体现。要创建新型班集体文化，要先树立正确的班集体舆论和优良的班风，班主任要注意通过表扬和批评等手段，有意识地培养正确的舆论导向和班级风气，对一些不好的苗头要及时扼杀在摇篮中，学生只有在良好的班级舆论和风气中，才会受到感染和熏陶。在正确的班集体舆论和风气的基础上，班集体文化的建设才能得以展开。

1. 教室环境建设

教室环境是班集体文化的标志之一，美观的教室环境可以陶冶学生们的心灵，可以增添学生在校生活和学习的乐趣，消除疲劳，促进学生们彼此之间团结友爱，有利于班集体凝聚力的形成。

2. 班集体制度文化建设

班集体制度文化的建设也是班集体文化建设的一个值得注意的方面，主要以学生的日常行为规范和学校的相关制度为标准，但同时要将班集体自身的特色融合到其中。在学生刚进入属于他的班集体时，要让其了解学校的规章制度，并积极建立班集体的相关规范；学生是班集体的主体，因此在制订班集体规范时要广泛听取学生的意见，最好通过班级投票方式来制订，这样制订的制度才会受到学生的认可，才具有可行性；班集体规章制度确立之后，要长期坚持执行，不能朝令夕改，更不能置之不理；

此外,最重要的一点,班集体规章制度的实施要公开、公平、公正,不能因为教师对个别学生的偏爱而使公正的天平向一边倾斜,这样产生的后果是极其严重的。

3. 班集体精神文化建设

班集体精神文化属于观念形态层次,是班集体文化建设的核心内容。建设班集体精神文化,首先要培养一种班级精神,在班集体建设之初就要有意识地培养这种精神,让学生逐步理解接受,并最终根植在全体学生的心里。一个班集体光有精神是不够的,还要注重形成班级凝聚力,二者相辅相成。班级凝聚力是在多种因素共同作用下形成的,对于形成健康向上、团结进取的班级团队精神起到很大作用。同时,班集体精神文化建设还要优化人际关系,学生之间要友好互爱,互相帮助,增强团队意识和合作精神。师生关系要倡导平等,教师要热爱学生,以身作则,用发展和公平的眼光看待每一个学生,学生要将尊师重教的良好传统随时记在心中,不能遗忘。

(三)创建新型师生关系

在学校和班集体中,班主任是班集体管理的引导者,同时,班主任和学生一样,也是班集体管理的参与者,二者之间的关系是平等的、民主的合作伙伴关系。要创建新型的师生关系,就要分别从教师和学生的角度入手。首先,对教师而言,要加强师德建设,提高教师的法律意识,既维护自身的合法权益,也不损害学生的切身利益;其次,要树立民主宽容的教育思想,让学生学会自主学习;再次,教师要热爱学生、尊重学生,实现师生之间的平等与和谐;最后,要尊重学生的个体差异,把因材施教落实到实处。这并不是一句空话,而是一个庞大的工程,在教学上,要正确对待学生的差异性,对不同的学生采取不同的策略和方法;在班集体管理中,也要遵循学生的个体差异,制订不同的实践活动以适应学生的能力发展。从学生的角度来说,则要保持学生尊师重教的情怀,跟随教师前进的脚步但不盲从,对教师的观点持以批判的接受态度,同时,培养自己的独立思想和学习方法,达到真正意义上的自我管理和自我学习。

传统班集体管理模式的弊端客观存在且愈加严重,需要克服。有专家建议,新型班集体管理可以采用"一人一个角色全体参与"、"以不同课题为中心的小组"等弹性的管理模式。而无论采取什么样的班集体管理模式,班主任的重要作用,我们仍旧不能忽略,但同时,必须加强班主任的自身修养,改善其教育理念,把握好"宽与严"、"他治与自治"、"班集体与学生个体"之间的关系,积极探究与创新。

第三节　班集体建设实务

班集体建设及管理的其他方面,如班级目标的确立、规章制度的建设等,在本书中分别都有论述,这里主要从学生的层面来说,具体包括班干部的任用和培养、引导学生积极参与班级管理,这无疑是班集体建设的重要内容。

一、班干部的任用和培养

(一)班干部的任用

1. 临时班委会的组建

一般来说,一个新建的班级充满了未知因素,师生之间、生生之间互不了解,很难立即建立起集体核心。此时,班主任可采用任命的方式选拔班干部。班干部是否选得好,选得准,对班级管理来说,是一个非常重要的问题。选准了,工作起来得心应手,选不准,各项工作无法顺利开展。因此,班主任在任命班干部时,一定要慎重,要把握好标准。一般认为,一个班干部首先应该是一个德智体美全面发展的好学生,此外,还应具备以下任职条件:有为集体服务的思想和热情;是非界线比较明确;有较强的工作能力和某一方面的特长;有较强的责任心,能任劳任怨,处处以身作则。以上是选拔班干部的标准,但是在现实生活中,完全符合上述标准的学生是为数不多的,因此,班主任应从实际出发,从比较中加以取舍,不能求全责备,关键还在于日后的教育和培养。班主任选拔班干部在不同阶段有不同的做法。对一个新建的班级,班主任选拔班干部时,一方面要深入同学中去,进行侧面观察、了解,另一方面要通过查阅学生档案、家庭访问、向原班主任或任课教师了解情况，并征求学生和候选人的意见，最后确定人选，成立临时班委。临时班委的工作时间不能太短，一般以6周左右为宜。在这段时间，班主任可以从会议、工作和个别接触中对干部人选作进一步的了解，也可以安排一些任务，从检验学生能力中进行了解。在临时班委工作期间，班主任要指导和帮助他们开展班级日常工作，并组织1～2次考核、评价，体现管理制度的严肃性和有效性。班级管理制度确定好了，并不能自行产生作用，它的意义在于有效地去实行。正如马克思所说的："一步实际运动比一打纲领更重要。"为了使班级管理制度更好地运作，班主任不但要有最大的决心和坚强的毅力，还要有步骤地做好以下几项工作：第一，加强宣传，启发自觉。贯彻管理制度的过程，实际上是一个提高认识统一行动的过程。常言道：使人畏之，不若使人服之；使人服之，不若使人信之；使人信之，不若使人乐之。此话同样适用于贯彻班级管理制度。这就要求在实施制度时要采用多种形式宣传教育。比如，可利用班会、团队活动等途径，介绍规章制度的内容，表扬好人好事，营造真正遵守规章制度的环境，务求达到"乐从之"的理想境界。第二，严于律己，率先垂范。古人云："上有好之，下尤甚焉。"贯彻执行管理制度，班主任要以身作则，率先垂范，用自身的行动影响和带动班级全体成员，这是班级管理制度切实执行的关键所在。第三，及时检查，经常督促。通过严格监督检查，促使受教育者由被动接受转化成为自觉行动，同时还应采取相应的处理措施，如有违反，按照明文规定处理。第四，反复训练，形成习惯。遵守制度的理想状态是形成习惯，习惯的形成非一日之功，需要反复说理，反复训练。训练要形成序列，从大处着眼，小处着手，从不自觉到自觉，从一个方面到各个方面，逐步前进，达到最高境界。

2. 有计划地轮换部分学生干部

在班干部的任用上，有些班主任采用"常任制"，即让一部分学生长期当班干部，甚至从入学到毕业多年不变。常任制会导致某些学生干部形成盲目的优越感，他们只会管理和要求别人，不会接受别人的管理和要求，缺乏自觉服从组织的意识。采用这种方式，将有四分之三的学生没有机会担任班干部，大部分学生的组织管理能力得不到锻炼。也有一些班主任随意频繁地无计划地更换学生干部，由于班级管理的干部核心不稳定，教育活动很难开展，正确舆论很难形成，而且因学生干部整批更换，自觉不自觉地形成了更多的非正式学生群体，这样会使班集体难以形成或巩固。因此，班主任应当按照教育目的的要求，有计划地分期分批地轮换部分学生干部，既确保学生干部相对稳定，又让更多同学得到锻炼，使全班同学受到教育。

3. 在班级管理过程中，三种学生不宜用

一是拉帮结派的学生不宜用，这样的学生一旦当了班干部，小团体主义滋生，会把班级搞得乌烟瘴气。二是生性懦弱的“小绵羊”不宜用，这样的学生虽然学习刻苦，成绩优异，但往往缺乏管理能力，处事优柔寡断，缩手缩脚。三是夸夸其谈、不干实事的学生不宜用。这样的人往往嘴上说得好，行动另一套，缺乏责任感。上述三种学生当班干部只会使班级缺乏正气，丧失组织功能。

班主任在选用班干部的过程中，一定要深入调查研究，多看、多听、多思，做到知人善任。所谓知人就是了解人，知人是善任的前提。怎样做到知人呢？传统的做法是翻看档案材料，从前任班主任那里了解，从同学、家长那里了解，通过观察学生在班级各项活动中的表现来了解。现代人本管理理论告诉我们，这样了解学生还不够，还要了解学生本人，让学生说出自己的所思所想。如，你对班级的各项活动满意吗？你的才能得到充分发挥了吗？你想为班级做些什么事情？你想在班级里担任什么职务？你需要老师帮助吗？然后，班主任根据学生的需求合理地分配管理任务。这样的知人方式能使班主任更全面地了解学生，班级的很多工作变“要我做”为“我要做”，学生的积极性和潜力能得到充分发挥。所谓善任就是很会使用人。怎样才算善任？应从以下几个方面考虑：

(1)量才使用。即根据学生的能力安排职务，做到能级相称，不大材小用，不小材大用。

(2)用人之所长，避人之所短。美国著名管理者彼得·杜拉克在其所著的《有效的管理者》一文中指出：“管理者用人，不在于如何减少人的短处，而在于发挥人的长处。有高峰必有深谷，谁也不可能是十全十美的人。”这就告诫班主任，选用班干部要用人之所长，避人之所短。但是在现实生活中，我们有些班主任在选用班干部时，往往只看短处，不看长处，或者先看短处，后看长处，或者随意安排，造成了人力资源的浪费。

(3)人尽其才。所谓人尽其才，是指能使每个人充分发挥自己的聪明才智。怎样才能做到这一点呢？人们往往只从使用方面考虑，即我用你，让你的才能充分发挥出来，好像蜡烛一样，让它充分燃烧完。这样的理解是远远不够的。孙中山对人尽其才有个具体解释，他说："所谓人尽其才者，在教养有道，鼓励有方，任使得法也。"这个解释很全面，这就是说，要使每个人充分发挥自己的聪明才智，首先要做到"教养有道"，即要有一套教育人培养人的计划、办法和得力措施。光使用，不教育，不培养，让人才自生自灭，人的聪明才智是不可能充分发挥出来的。其次要做到"鼓励有方"，即人们做出了成绩，要及时鼓励，要善于鼓励。最后要做到"任、使得法"，即使用干部还有个"得法"问题，方法不得当，也可能把事情搞糟。总之，知人不易，善任也难，这正是需要班主任提高的领导艺术。

(二)班干部的培养

选拔好班干部以后，班主任既要任用，又要对他们进行培养、指导，提高他们的独立工作能力。班主任在工作中，既要防止包办代替、不放手，也要防止只任用、不培养这两种倾向。根据优秀班主任的实践经验，培养学生干部可以从以下几个方面进行。

1. 帮助班干部树立服务意识，养成良好的工作作风

从管理科学的角度来说，"管理就是服务"。因此，班主任首先要让学生明确自己在班级中的地位、作用和任务，要让他们懂得担任班干部的实质是为同学服务，而不是为了管理同学。在树立起为同学服务的意识的基础上，班主任要帮助学生养成良好的工作作风。要培养学生干部民主作风，教育他们谦虚谨慎，有事要与同学共同商量；培养平等待人的作风，摒弃当干部之后的优越感；培养实事求是的作风，正确对待工作中的成绩与不足，既报喜也报忧；培养以身作则的作风，带头搞好学习，遵守规章制度。学生干部应该要做到能上能下，即使自己不当班干部也能主动协助和支持别的干部搞好班级工作；正确对待后进同学，树立团结友爱、互助共进的思想；正确对待困难和挫折，工作中受得起委屈，任劳任怨；遇事要及时汇报，但要杜绝依赖思想。

2. 培养班干部的独立工作能力

班干部的成长有一个过程，班主任要针对班干部成长不同阶段的情况进行指导。在初任阶段，班干部一般对工作不熟悉，不知道如何做，缺乏必要的经验与能力。此时班主任一方面要撰写好班干部的工作细则，划分职责范围，使每个干部都明确自己的职责。在具体分工时，要充分考虑到每个干部的气质、性格、爱好、特长和能力，让他们担任最能发挥自己才能、最能对班级作贡献的工作，并鼓励班干部之间相互协作，互相配合，培养他们的合作精神。另一方面，班主任要对班干部具体指导，“手把手”地教。在积累经验阶段，班干部熟悉了工作，积累了经验，提高了能力，已经可以独立地处理一些具体的事情时，班主任应逐步放权，锻炼干部，树立班干部在学生中的威信，鼓励其独立工作，发挥他们的主观能动性与工作的积极性，使他们真正成为班主任的得力助手与班级的中坚力量，而不是成为班主任与学生之间的传话筒。

这一阶段班主任要加强对班干部指导，密切关心，在出现麻烦时随时帮助“补台”，还要加强班干部理论学习和工作方法训练，定期对班干部进行培训，鼓励学生干部写出体会和经验总结，定期组织班干部交流工作中的经验教训等。在逐步成熟阶段，班干部已经有了丰富的经验和较强的能力，工作的责任心、积极性、主动性都有了很大提高。此时班主任主要是当好参谋，掌握大方向，大胆放权给他们，使他们有一个宽松的工作环境，把各项工作开展得井井有条。班主任要让学生在具体的实践活动中锻炼成长，把班干部推向实践活动的第一线，使他们在实践磨炼中锻炼自己的能力。这也是培养班干部的根本途径，全国优秀班主任魏书生就十分注重这一点。组织班级集体活动(如中秋晚会，国庆联欢会等)，以增进学生间的了解，让全班学生都有发挥其特长、为班级服务的机会。

班主任要有意识地表扬那些经过了解、考察后认为合格的班干部的优点，包括他们的道德品质、工作态度和能力等，帮助他们在同学中树立威信。经过一段时间后，班主任心中有了底，广大学生心中也有了对象，此时，就可以发动学生进行民主选举。在选举工作中，班主任要充分发扬民主精神，尊重学生的选择，切忌将自己的意见强加于学生。班委会的选举工作要认真准备，选举会应开得隆重、严肃，可以有一定的形式，如当场竞选演说、当选干部代表发言等，以帮助班委会树立威望。正式班委会成立后，要立即召开新的班委会成员会议，进行分工，明确职责，各司其职，并立即开展工作。

3. 班主任在培养班干部方面，应重在管理能力的培养

管理能力的培养，具体地说，有以下几种能力：

(1)计划能力。班主任要引导班干部制订好班级的各项计划，组织他们认真学习教育行政部门的有关文件精神，引导他们深入学生中，听取意见，集思广益，使所订的计划既方向正确，又有解决问题的针对性。

(2)组织、沟通、协调能力。在实施班级计划的过程中，班主任应放手让班干部组织各种会议和活动，如主题班会、知识竞赛、郊游活动等。要求组织措施得力，内容具有鲜明的教育性；且要求班干部做好下情上达，上情下达，左右联络的沟通工作，一旦发现班级中不良思想苗头或违纪现象应及时向班主任汇报，及时处理，不让问题拖延积压。同时要将上级的指示精神、班主任的愿望和要求及时地传达给学生，班干部之间要互通情况，求同存异，这样才能使整个班级思想统一，步调一致。班主任还应重视班干部协调能力的培养，班上出现不协调现象，要求他们做好解释、协调工作，协调好学生与学生之间的矛盾，协调好班干部与学生之间的矛盾，协调好任课教师与学生之间的矛盾，大事化小，小事化了，将整个班级的矛盾和问题减少到最低程度。

(3)处理突发事件的能力。任何一个班级都会不可避免地出现一些突发事件，交通事故、突发疾病、食物中毒、打架受伤等，如何处理突发事件是考验班干部能力的一个重要标志。如果班干部对突发事件表现出高度的冲动，或茫然无措，甚至撒手不管，不仅会削弱班干部的威信，还会极大地削弱班级的凝聚力。因此，培养班干部处理突发事件的能力显得尤为重要。例如，可以通过情境教育、模拟演练等方式指导班干部采取相应的应急措施，尽可能地控制事态的发展。实践证明，开展这样的教育活动是十分必要的。

总之，“授人以鱼，不如授人以渔”，在班级管理中，班主任不仅要重视班干部的选拔和任用，更要重视班干部的培养，提高他们解决问题的能力，使他们成为班级管理的坚强核心。

二、引导学生积极参与班级管理

引导学生积极参与班级管理不仅要重视精英组织的培养，而且要重视多元群体的建设，尤其是非正式群体成员的引导。这样，让全班同学都能受到阳光雨露的沐浴，又能充分发展各自的潜能，展示自己的聪明才智和个性特长。一些有经验的班主任努力将班级构建成由班主任、班干部、学生组成的三级管理网络。某位担任过班长的同学说："班上众多的事，魏老师从不管，他强调班干部要主动、独立、创造性地开展工作，并说班长代表班主任，代表班主任行使权力。每月我们都召集班干部开一次会，会上讨论决定一些重大问题。"

1. 严格要求，一视同仁

班主任对班干部的态度是中学生比较敏感的问题之一，这往往是班集体核心能否形成的关键因素。因此，班主任对班干部要严格要求，对待犯错误的学生，不论他是班干部还是普通同学都要一视同仁，不能厚此薄彼。班主任只有公平对待所有的学生，实事求是，才会赢得学生的尊重和爱戴。

2. 做好班干部的评价工作

班干部的评价是班干部培养的重要一环。它是对班干部学习、工作、思想品德等方面的检查和督促，为班干部工作提出标准，发挥指导作用；是班主任利用学生监督班干部工作运行的工具，诊断工作中出现的问题和失误。它作为一个重要环节，能不断提高班干部工作的自觉性，激发班干部工作的干劲。

3. 把权下放给学生

在班级管理过程中，班主任要实行分层管理，充分下放权力，让每个学生在班级中都应受到应有的受教育权利，尽自己应尽的义务、责任，做到权利和义务对等。正如魏书生所说的：普通同学能做的事，班干部不做，班干部能做的事，班主任不做。只有个体得到充分的发展，各种正式和非正式组织协同合作，发挥团队合力，才能发挥班级管理的优势最大化。在班级管理过程中，不少班主任忽视学生管理班级的权力，认为学生年龄小、知识少，没有能力管理班级，因而大权独揽、事事包办。处在这种被动管理的环境之下，学生往往形成依附的人格，缺乏主体性，不能适应社会的需求。因此，班主任需要改变策略，在班级管理过程中，要实行分层管理，把权力下放给学生。

下放权力并不意味着班主任撒手不管，其实质就是实行学生自我管理，让班级正式组织尽可能去占领班级市场。例如，可设常务班长一人，全面负责班级内部管理和对外联络。其他班委成员，如学习委员、宣传委员、生活委员、劳动委员、体育委员各司其职，并带领自己的专业小组开展工作。学习委员可以联合课代表组成“学习监督小组”，督查作业的完成和上交情况，并根据各自的兴趣爱好创建语文、数学、外语等学科学习合作组，形成学习共同体。生活委员可以设立以他为首的“环保服务站”，负责日常室内外的清洁卫生，或成立“车辆管理别动队”，负责每天自行车的摆放，监督上锁工作等。宣传委员可以组建以他为核心的“文明宣传组”，负责班级学生文明言行的宣传和“文明学生”的评选事宜。劳动委员可以成立“特别督察组”，应对突发事件和学校安排的临时劳动性事务等，将各种工作分配到个人，奖勤罚懒，天天检查反馈，将精细化管理落到实处。此外，还可以鼓励学生根据兴趣爱好和个性特点，自由组合成各种俱乐部，如天鹅舞蹈组、精美演唱组、明星足球队、七彩绘画组等，通过这样的活动方式，帮助学生达成共识。

第四节　关注学生的个体差异

班集体是由学生个体组成的，因此班主任加强班集体建设的同时，要关注每个学生的个体差异。

一、为学生创造自由发展的空间

教育要发展学生的个性，就要充分地解放学生，让学生从分数、升学的牢笼中解放出来，让学生从条条框框的禁律中解放出来，还学生以自由的空间，让他们的心灵得以自由飞翔。要为学生创造自由发展的空间，班主任必须摒弃师道尊严的陈旧观念，以民主科学的方法管理班级。班主任要针对学生的个性特征，营造民主、宽松、和谐的教育环境，为学生的个性发展创造空间，并运用各种管理手段，鼓励学生积极表现自我，使学生对生活充满激情和创造的欲望，个性得到自由充分的发展。班主任老师必须从整体上了解学生，从个性上了解学生，从变化上了解学生，从可能出现的影响上了解学生[①]。

著名教育家蒙台梭利的理论和实践，为我们诠释了自由发展空间的重要意义。她认为，孩子是一个容器，需要成人的灌输引导，需要成人为他们确定方向；孩子具有一种强烈的内在潜力或者说是生命力，这种生命力的表现就是自发冲动，而对这种自发冲动是否受到压制，就成了教育好坏的分水岭。扼杀孩子的自发冲动，必将使他们的身心受害。因此，自由是儿童教育必不可少的前提，应该给孩子极大的自由活动权。在蒙台梭利看来，生命力在不同的阶段会表现出不同感官的敏感期，而教育者要抓住关键时期进行系统的训练，才能事半功倍。值得深思的是，蒙台梭利主张给孩子极大的自由，儿童之家却并不像预想的那样混乱，相反却显得秩序井然。秘密就在于，蒙台梭利在自由与秩序之间搭建了一座桥梁：作业。与我们通常见到的作业不同，蒙台梭利所说的作业最大的特征是内在的需要而不是外在强加的。

孩子通过自主选择，使作业符合自己的兴趣和实际情况，从而能够全神贯注地投入其中，达到良好的秩序。蒙台梭利教学思想的精髓在于，她把孩子当成孩子，尊重儿童的情感和人格，认定真正的学习来自激发儿童的内在因素，即由孩子自己主动地去接受教育，只有当他自己决定他学习的方向和速度时，他才能学得好。而教师的作用仅仅是根据孩子发展的敏感期，帮助他们创设情境，提供必要的学习材料并告诉孩子如何使用，最大限度地发展孩子的主体作用。过于注重感官训练，不利于孩子的自由创造，过于重视学生的实际生活技能，忽视了想象和艺术活动，甚至反对游戏，都会对孩子的成长造成一定的消极影响。蒙台梭利强调孩子只有在自由的条件下才能产生“自我创造”，自我教育才可能成功。她说：“教育的基本任务就是使每个孩子的潜能在一个有准备的环境中都得到自我发展的自由。教师的职责就是建立常规和排除孩子自然发展中的障碍，观察孩子的表现和了解孩子的需要，以便更好地承认、培育和保护孩

①白铭欣.实用班主任学[M].南京：江苏教育出版社，2007：22-25.

子自身的能力，并给予间接的帮助。这种帮助主要是提供一个适宜的环境——‘有准备的’环境，并在此基础上保证孩子发展的自由。”蒙台梭利的“自由教育”的本质是让学生在“自由”的环境中受到教育，这种自由的环境包括物质的适宜和精神的宽松。

要创造自由的环境，就需要班主任在班级管理中保留一块“空白“，让学生自由学习，不要干预过多；让学生自由体验，不要说教太多；让学生自由探究，不要束缚太多。然而留出空白并不是指班主任完全放手不管，而是一种精心设计的让学生通过填补空白得到自我锻炼和自我发展的教育方法。班主任的责任是针对学生的实际情况做好引导，及时了解情况，妥善调节控制，这样的留白才会产生积极的效果。如何在管理中留出空白呢？

（一）在决策过程中留出空白

有经验的班主任会赋予学生参与决策的权利，让学生在制订班级规章制度或开展各项工作时充分发表意见，以增强学生的主人翁意识。教育家魏书生就班级管理说：“我发现自己的长处是善于商量，班级纪律不好，找班干部商量，大家帮我想了许多办法，用这些办法维持纪律，班级秩序比以前好多了。我不会开主题班会，又和学生们一起商量，大家帮我想出了提高班会质量的好办法。个别学生劳动时不积极，我和学生们商量出了开展劳动竞赛的办法，极大地调动了学生的劳动积极性。”魏书生的办法值得广大的班主任效仿。

（二）在日常管理中留出空白

在决策实施过程中班主任要把管理权交给学生，培养一个能自己管理好自己的学生，而不是能被别人管理好的学生。苏霍姆林斯基认为，只有能够激发学生去进行自我教育的教育，才是真正的教育。一个班级虽小，但来自各方面的工作不少，如果所有的事情班主任都事必躬亲，一手包揽，那么班主任即使终日忙碌，也是管不胜管。如果让学生参与班级事务，让每一个学生去分管不同的事务，这样就培养了学生主人翁的责任感和自我管理的能力。

(三)在评价过程中留出空白

评价可以使学生形成正确的舆论导向,无形地规范学生的思想和行为。适时留出评价的空白,让学生通过自我评价去分辨是非,明辨道理。这样比班主任高高在上地说教要具体形象得多,也更能在评价中获得情境性的感受。例如,利用每周班队活动课前的几分钟进行每周小结,由值日班长总结本周情况,表扬好的,指出不足,再提出新的要求。这样,学生通过自我评价提高了自主管理的能力。

二、让每个同学都能在班集体中感受到温暖

平时多关注学习有困难、成绩差的学生,经常与他们谈心、理解他们、关心他们。对他们的点滴进步给予表扬,再提出合理的要求,让他们更多地感受到老师的温暖和期待,发现他们在文艺、体育、绘画、劳动等方面有不俗的表现时大加赞赏[①],让他们在班里找到自己前进的支点。对学习优秀的尖子生,告诉他们生活不可能永远是“潮平两岸阔”,引导他们要有平常心。对表现一般的孩子,不忽略他们,不轻视他们,经常给他们发挥、提高能力的机会,对他们的默默付出给予肯定,鼓励他们要不甘于平凡,力争让自己更优秀。每当有新转入的同学,要热情洋溢地向同学们介绍他,列举出该学生的特长,并带领同学们热烈鼓掌欢迎。对外地来的或对学校环境不熟悉的新转入同学,可以找两名同学当向导,帮助他尽快熟悉环境,介绍课程进度,帮助补课,消除他的陌生感、恐惧感,让他较快地进入学习状态。老师、同学的热情,会让新同学很快地融入这个集体、喜欢上这个集体。

三、以平和的心态协调班级的各种关系

在班级管理中,许多同学思想觉悟、价值观念、利益追求、兴趣爱好存有差别,少数学生的行为方式不利于团结互助,甚至有一些损人利己的现象发生。有些同学喜欢议论他人,导致同学之间相互猜疑,出现不和睦现象。有的学生拉帮结派,搞小团体主义,导致班级组织出现分裂现象。还

① 李镇西.爱心与教育——素质教育探索手记[M].成都:四川少年儿童出版社,1998:65-68.

有的同学把社会上一些唯利是图、爱占便宜、尔虞我诈、坑蒙拐骗的行为带到了班级，使班级风气受到影响。面对这种不和谐的现象，班主任要深刻认识到“和谐才能快乐，和谐才能发展”。俗话说：“万事以和为贵”、“家和万事兴”。师生和谐是班级发展的关键。班主任如果以和谐为主旋律，以平和的心态去协调班级中的各种关系，以和谐为始，以和谐为终，那么一定能实现班级和班级中每一位成员的健康和谐发展。老子说：“知和曰常，知常曰明。”意思是说，知道以平和的心态处事，就懂得了生命的永恒规律，这就叫高明。在变化来临之际，以平和的心态去处置显得尤为重要。作为班主任，在日常的班级管理中要保持冷静、平和、理智的心态。俗话说，人非圣贤，孰能无过。青少年学生正处在成长发育期，他们的思想行为出现一些问题在所难免。对他们提出过分的期望和理想化的要求，显然是不符合客观实际的。因此，班主任要正确地对待学生的缺点和错误，保持理智的心态，用平静的眼光看待学生，以平和的心态去协调班级中的各种关系。实践证明，平和的心态在协调工作中能起到有效的作用。总之，在一个和谐的班级之中，必定会有一位“人和”的班主任，而这位班主任必定在学生中有很高的威信。教育家魏书生曾经说过：“班级就像一个大家庭，同学们如兄弟姐妹般互相关心着、帮助着，互相鼓舞着、照顾着，一起长大了、成熟了，便离开这个家庭，走向了社会。”[①]的确，一个班集体，就像一个大家庭，对每一个成员的成长，都有着至关重要的影响。而一个班集体如何健康良好地运作，班级凝聚力就成了关键。什么是凝聚力？凝聚力是一种心理现象，是集体中人心的聚合力。一个班级如果人心涣散，那么，个体的力量就无法汇集到一起，这个班级便是一盘散沙。一个班级如果人心相融，那么个体的力量就会凝聚成一个有机的整体。因此营造“人和”的管理环境是班级凝聚力的前提和基础。班主任的责任就是避免集合在一起的个体力量相互抵消，而寻求对个体力量进行汇集和放大的效应。

① 魏书生.魏书生班主任工作艺术[M].南京：河海大学出版社，2005：78-82.

第五章　班级日常管理实务

第一节　班级日常管理的主要内容

一、班级日常管理的内容举要

一个班级的正常运作，离不开班主任对班级的日常管理。班级日常管理是班主任的工作重点之一。如何管理好一个班级，让学生在其中学习与成长，是班主任的首要任务。班级日常管理不但是班主任每天的工作、任务，更是其职业生涯中需持续不断完成的使命。班级日常管理的主要内容的制订关系到班主任对班级管理的成功与否。

根据《小学生日常行为规范》、《中学生日常行为规范》和《中小学生守则》，可以将班级日常管理的基本内容分为九个部分：

(1)基本道德行为常规管理。遵守国家法律、遵守交通法规、遵守公共秩序、爱护公用设施、遵守网络道德和安全规定、珍爱生命等。

(2)纪律常规管理。指到校出勤纪律、课堂学习纪律、自习纪律、课间两操纪律、晨会纪律(包括升旗仪式纪律)、住宿生食宿纪律等。

(3)学习常规管理。课堂学习常规：上课专心听讲，勤于思考，积极参加讨论，勇于发表见解。课外学习常规：认真预习、复习，主动学习，按时完成作业。考试常规：做好迎考准备、考试不作弊等。

(4)交往常规管理。与同学、教职工、父母及其他人交往方面的常规。

(5)生活常规管理。穿戴整洁，举止文明，情趣健康，爱惜粮食，节约水电，生活节俭，学会料理个人生活，生活有规律，按时作息，珍惜时间，合理安排课余生活，坚持锻炼身体等。

(6)环境卫生常规管理,指个人卫生、周围公共卫生、生态环境管理。

(7)安全常规管理,指防火灾、防溺水、防触电、防盗、防中毒等。

(8)班级文档、史志管理,包括学生成绩报告单、操行评语、"三好"学生和各项积极分子评选、黑板报、周记、班级日志、班史、学生档案、班级总结。

(9)班级校外、假期管理,包括学生假期生活、假期作业、校外学习小组、校外辅导员、学生联络网。

一般而言,我们把班级日常管理的主要内容分为程序性日常管理和经常性日常管理,程序性日常管理是指学期初和学期末的日常管理,经常性日常管理是指学期中的日常管理。

二、程序性日常管理

班级的程序性日常管理就是班主任对于整个学期在整体上进行的策划管理。程序性日常管理要求班主任对学期的整体任务布局进行清晰的划分。程序性日常管理主要包括:学期初,班主任要根据学校的学期工作要求,写好班级的工作计划、了解班级学生现状、制订班级公约、指导学生做好个人计划和班委会的维持与变更等工作;学期末,班主任要认真写好班级工作总结,完成"三好"学生的评定工作,写好学生操行评语,组织假期活动和做好班级财务工作等。

(一)学期初的管理

俗话说,良好的开端是成功的一半。每个学期初是班主任进行班级日常管理的开端,制订周密的学期初管理计划是班主任能力的体现,也是对其能力的考验。学期初的管理内容制订对于班级一学期任务的整体布局也有至关重要的作用。

1. 制订班级工作计划

在学期开始时,班主任要制订自己整个学期的班级工作计划,为自己班级的工作进行整体安排。班级工作计划的制订必须目标明确并有理有据、切实可行、表述清晰,切忌说大话、空话。

2. 全面了解学生现状

新建立或者新接手的班级,班主任必须对全体学生的档案进行整理阅读，确认每位同学的家庭联系方式以及家庭情况。对于已经管理多年的班级，班主任要重新确认学生的联系方式变化情况以及家庭现状，对学生可能会出现的情况进行分析。

3. 制订班级公约

对于新建立的班级，班主任要指导学生做好制订班级公约的工作。班级每一位学生均有着遵守、执行班级公约的权利与义务。制订完善的班级公约对加强学生日常行为规范教育有积极的作用。对于已经存在班级公约的班级，班主任要在学期初带领学生回顾以及修改其中陈旧不合时宜的条款，增加新条款，与时俱进，让学生充分参与，体现班级主人公地位。

4. 指导学生做好个人学期计划

个人学期计划对于每一位学生来说都有着重要的意义。学期计划相当于学生的本学期奋斗方向、奋斗目标，学生将在这样的学期计划中完善、提高、充实自我。学生在班主任的指导下做好自己的学期计划。学期计划制订要目标明确，计划详细，踏实可行，不可有不切实际的言辞和意愿。

5. 班委会的维持与变更

班委会是班主任在日常管理中的得力助手。班委会的选拔对于班主任工作的顺利开展有重要意义。一个好的班委会，不但可以成为老师的得力助手，还会成为引领同学成长的榜样力量。班主任要做好学期初班委会的维持与变更，对于上学期做得好的有贡献的班委会成员嘉奖；对于做的不完善、同学意见较大的班委会成员也不应一味地指责，而应采取鼓励为主、言教为辅的方式予以指导；对于办事不力、做事乖张的班委会成员，应做好推举新成员来替换的准备。

（二）学期末的管理

学期末是一个学期工作的完结与总结阶段，而总结性的工作往往特别繁琐细致。学期末需要做好迎接假期和下个新学期的工作，所以学期末的管理与学期初的管理同样重要。

1. 制订班主任工作小结

班主任的工作小结是班主任每学期结束时必须做好的一项工作，包括整理本学期的工作成果，总结经验，分析存在的问题，查看学期初的班级工作计划是否得以实施等。

2. 做好评比等工作

在学校的要求下，班主任要组织好班级学生做好“三好”学生、优秀学生干部、文明班级等先进个人与先进集体的评比工作，让学生在评选过程中充分体会竞争的教育作用。

3. 完成学生成绩通知书、个人评语等填写工作

对每位学生进行分析并做好学期末的个人成绩、评语的填写工作。

4. 安排学生的假期生活

班主任要告知学生在假期中要注意安全并按时完成老师布置的学习任务，同时还要与家长做好假期联系工作，确保学生有个安全、丰富的假期生活。

5. 做好班级财务工作

在学期末，班主任要清算班级在一个学期内各项费用的收支，及时向全班公布结算工作。有条件的班级也可以让学生来帮助处理清算工作，使学生认识到公平、公正、公开。

三、经常性日常管理

经常性日常管理是班主任在学期中对班级进行的日常管理工作。班主任在整个学期内将对班级的各种情况进行分析与管理。经常性日常管理可以充分体现出班主任对班级工作的细致程度，考验班主任的工作能力。经常性日常管理主要包括以下几个方面。

（一）学习管理

学习是学生在学校中最重要的任务。学生在班级中学习文化知识，学习如何形成正确的价值观与世界观，同时也要学会如何学习，为今后的人生历程起到重要的奠基作用。因此，制订班级学习管理制度是十分重要的。

1. 建立良好的学习秩序

学生在学校的学习时间大部分是在班级中，因此，在班级中建立良好的学习秩序是非常必要的。良好的学习秩序包括课堂秩序与作业秩序。

课堂是学生学习的主要场所之一。学生在课堂中学习就必须遵守课堂秩序。根据日常行为规范的要求，学生在上课之前要做好上课的准备，等候老师的到来，迟到应报告；课堂上应专心听讲，积极举手回答老师的问题；课间活动有秩序；课后观看有益的图书报刊等信息，收听、收看健康的广播电视节目等。

在作业方面，学生要做到课前积极预习，课后按时按量完成老师布置的任务，认真进行复习；不抄袭，独立完成作业，书写工整不杂乱等。

2. 制订严格的班级考试纪律

考试作为对学生所学知识的一项检测，不仅仅是针对学生，也是对老师一段时间的工作效果的检测。为了使考试能够公正客观地反映学生的学业以及老师的教学情况，我们必须制订严格的考试纪律，并要求学生严格遵守考试纪律。

要求学生严格遵守考试纪律，首先，要加强学生的思想教育，从根源上杜绝学生考试作弊的思想，净化考场环境，确保考试顺利进行。其次，要求学生在考试过程中按照考试纪律严格要求自己，一经发现舞弊行为必须给予教育与惩罚。

3. 建立奖励惩罚机制

学生在学习中需要有强烈的动机来激励自己进步。奖励、惩罚作为引发动机的两个方面，从本质上说都是对学生的激励。建立班级中的奖惩机制对于班级的学习氛围会有一定的积极作用。

在奖励方面，常规奖励项目有"三好"学生、优秀干部、成绩优异等，非常规奖励包括特殊进步、写作高手、体育健儿、艺术特长和表现优异等奖项。班主任可以根据学生在学期内的表现而设置不同项目的奖项来激励学生的学习兴趣。

在惩罚方面，以不伤害学生的身心健康为标准适度进行，不能把劳动作为惩罚的内容，这样反而容易引起学生的逆反心理，适得其反。惩罚的主要形式有口头警告、书面警告、记过等。不宜把惩罚扩大化，给学生的身心带来伤害，能让学生意识到错误并加以改正即可。

学习管理还可以采用制订考勤制度、合理摆放课桌椅制度和建立班级图书管理制度等方法。班主任可以根据学校和班级的实际情况进行安排，其目的都是为了保障学生的正常顺利学习，给予学生良好的学习环境,促进学生学习成长。

(二)生活管理

生活是学习的前提与保障,学生大部分的时间都在学校,在学校生活得如何将直接关系到学生学习的效果,与此同时,学会生活本身就是学生学习的重要目标。因此,加强对学生的生活管理,是班主任的重要工作方向之一。

1. 班级公物的管理

班级作为学生在校生活的主要场所,班级公物的使用与保护是每一位学生所应有的权利与义务。《小学生日常行为规范(修订)》规定:爱护公物,不在课桌椅、建筑物和文物古迹上涂抹刻画;损坏公物要赔偿等。班主任要制订班级公物管理的条例,以此培养学生爱班如家、爱护公共物品的优良品质,培养学生高尚的道德情操。

对于班级公物的管理,应该做到不浪费,节约使用;用坏了及时报修;做到谁用谁保管、谁用坏谁赔偿的原则,培养学生的责任意识。

2. 加强学生的安全意识教育

学生在校内以及校外可能会遇见一些如失火、地震、突然发病等危机事件,这时候学生就应该具备一定的处理危机事件的能力。培养学生处理危机事件的能力,加强学生的安全意识教育对于班主任来说是一项重要的工作。

首先,要让学生了解安全知识,让学生知道安全设备的安放地点和基本的使用方法,尤其要给学生介绍一些基本的逃生方法与急救知识。让学生熟悉学校的环境,了解急救报警电话的使用,根据学校的情况还可以请一些专业救助机构人员来校为学生做讲解。

其次,在学校以及班级不定期地举行演练,在实践中让学生逐渐掌握在危机事件中处理问题的能力。学生在多次的实践中积累经验,真正做到遇见危机情况不慌不忙、心中有数、成功应对。

3. 组织学生参加集会活动

集会活动可以是班级的,也可以是全校的。学生生活在班级、学校这个大家庭中就必然要参加各项集会活动。集会活动可以体现一个班级的整体精神面貌，也是班主任在外的主要形象展示。组织好学生参加集会活动的重要性可想而知。

班主任在活动开始前要准时到达指定地点，组织学生按照规定入席，进行缺席统计；活动开始后确保有良好的活动秩序；活动结束时组织学生按照顺序离开场地，确保没有意外发生。

其他生活方面，例如就餐、住宿管理等，因为学校安排的不同，有的学校没有食宿的管理，所以这里就不再一一叙述。按照学校的安排和要求，班主任可以根据实际情况适当进行安排。

（三）信息管理

班级的信息是指与班级或班级成员有关的资料信息，包括学生的成绩、评语、档案等。

1. 学生成绩管理

学生成绩是评定学生知识掌握程度、智力发展水平的客观依据，也是检验老师教学效果的重要标尺。对学生的成绩进行管理，是对班主任工作的一项重要考察。

对学生成绩的评定要客观公正，不能以某一次考试成绩作为定论，要参考平时以及期末的成绩，还有学生平时的表现，如参与班级和学校活动、发明创造、劳动成果与艺术成就等各个方面。学生的成绩要真实，反映学生的真实水平，促进学生的发展。每位学生的成绩都应该被尊重，不能因为成绩差就被歧视。

2. 学生评语管理

学生的评语是班主任对学生的思想品德、学习态度、生活习惯等各方面的情况进行综合考察所得出的结论性语言。给学生写评语目的是为了让学生发现自己没有被发现的闪光之处，同时改正不应有的缺点，努力完善自己。

评语是为了促进学生进步，而不是打击学生。评语的编写首先要对学生的各个方面进行全面了解，在平时注意积累学生的特点和表现，在学期末的时候进行综合分析，抓住学生的闪光点，同时也要指出学生的缺点，让学生感到评语不落俗套、真切实际、富含新意。

3. 学生档案管理

学生档案是学生在学校学习和生活中留下的资料，记录着每个学生的成长过程，也是学校档案和校史的重要组成内容。档案对于学生和学校而言都是十分重要的，关系着学生未来的继续求学与就业以及学校的工作成就。班主任要做好学生档案的建立与管理工作。

学生的档案可分为学生个人档案与学生整体档案。学生个人档案包括学生个人的简历、成绩、评语、奖惩情况与家庭情况等。学生整体档案指的是全体学生的档案，包括学籍册、录取名册、流动名册、学籍变动名册等。学生的档案包括纸质版和电子版。班主任在整理、存放时要注意分类存放，建立档案查找系统，以便日后存取方便。

其他方面的信息管理还包括班级总结的编写与黑板报的制作等。有条件的班级可以利用网络建立自己的班级群、班级网站等，让大家共同参与班级的建设。

第二节 班级日常管理的实施

一、班级教学工作管理的实施

(一)建立良好的教学秩序

班主任对建立一个稳定、和谐的教学秩序负有主要责任。班主任应该加强班级教学管理，为学生建立一个好的学习环境。建立正常的教学秩序，包括帮助学生制订学习计划、做好课前预习，保证良好的课堂秩序，帮助学生制订课后复习计划、完成授课教师布置的作业。

班主任应该帮助学生制订适合个人的学习计划。学习计划不宜太长远，太长远的计划不容易实现，因此，班主任要根据学生的实际情况来制订学习计划。

课前预习要求学生根据自己的实际情况来进行预习，比如说某位同学的数学成绩较差，那么这位同学要花更多的时间在数学上。在基础较薄弱的学科上，班主任应该鼓励学生做好预习笔记，在上课前做好思想准备,并且准备好书本、笔记本等。

课堂是进行教学的主要场所,良好的课堂秩序是保证教学正常进行的前提条件。通常良好的课堂秩序指的是:①预备铃声响后,学生应该有秩序地进入教室;②上课铃声响之前,学生将上课需要用到的书本、文具准备好,放在课桌上;③教师进入教室后,全体学生起立,待教师还礼后坐下,在回答教师的问题时,应该起立回答,下课后,全体学生起立对教师表示感谢,教师还礼后坐下,结束一节课;④教师上课期间能够保证课堂的安静有序;⑤上课不迟到、不早退,迟到应在教室外报告,获得教师批准后方可进入教室。

复习指的是重复学习学过的知识,使对其印象更加深刻,让其在脑海中存留的时间更长。学生每天要接受很多的知识,而有的知识无法及时消化,因此,及时的复习便显得十分重要。复习不是一味地做习题,而是需要我们根据每门学科的特点来进行有针对性的复习。比如英语学科语法复习要求学生可以使用当天学过的语法知识造句,能够做到举一反三,学会灵活运用知识。

作业是成功教学的基本保证,对学生的学习具有十分重要的作用。①作业能促进学生课内认真听讲。学生为了能在规定的时间内完成作业,上课就必须开动脑筋,认真听讲,思想跟着老师走,理解并掌握好所学的内容。这样良性循环,就能使学生养成勤奋好学、积极进取的学习习惯,为今后的成长打下坚实的基础。另外,学生在做作业的过程中可以检测当天所学知识掌握的程度。②作业能提高教师的教学水平。要求学生能够很好地完成作业,教师就必须做好教学设计,要合理安排上课时间,教学内容要巧妙设计,充分调动学生学习的积极性,保证学生有足够的时间做作业。如此持之以恒,对教师的业务水平有很大的促进作用。③作业能调动学生的积极性。在课内完成作业后,优等生在不妨碍他人的前提下,可以进一步钻研一题多解,还可以进行有效的复习和预习,发挥他们的主观能动性。对做题慢或时常出错的学生,教师要及时安慰,并及时纠正,多给他们一些发言的机会,鼓励他们上课认真听讲、积极思考、踊跃发言,使他们能在轻松的氛围中掌握知识,进而在课内及时准确地完成作业。

在设计作业时要尽量注意不同学生的接受能力,做到量少、题精、实用性强。

(二)抓好自习课和考试纪律

所谓“学风”,最早源于《礼记·中庸》,意思是广泛地加以学习,详细地加以求教,谨慎地加以思考,踏实地加以实践。它十分精辟地概括了学习的方法、态度和规律,反映了学习中的方方面面①。良好的学风对学校教育能产生积极作用,班主任是班级工作的指导者、管理者,良好的学风是班主任有意识培养的结果。一个班级学风的好坏,很大程度上取决于班主任决策管理的好坏。要建立良好的学风,我们必须要为学生创设一种宽松、和谐的学习环境,这种环境需要强有力的纪律来做保证。这里我们重点关注自习课纪律和考试纪律。

自习课是学生自行进行预习、复习和完成作业的课。自习是学生提高自学能力的有效途径,一般由学生自行安排,必要时教师也会在自习课上给予学生辅导。安静的学习环境对学生的学习至关重要,自习的时候,学生要保持教室安静,不能随意走动。对于学生来说,要加强对自习课的重视程度,不能因为教师不在教室就随心所欲、大声喧哗。

维护考试纪律是保障日常教学能够顺利完成的重要举措。考试作弊严重干扰了学校正常的教学秩序,家庭和学校应该让学生认识到考试重视的是过程而不是结果,同时班主任不应该过分重视考试成绩,只有淡化了分数观念,才能消除学生的精神压力。要让学生知道,考试只是为了检测学生在一定时间内的学习效率和学习效果,学生需要根据考试结果总结出自己在哪方面薄弱,根据考试结果补差。班主任要引导学生形成正确的是非观,不能为了一时的义气就帮助同学作弊。有些同学可能会认为如果不帮助他人作弊,会影响友谊。班主任要让这些学生认识到这不是在帮自己的朋友,而是在害他们,对他们来说是百害无一利的,从而帮助其纠正作弊行为。班主任要与家长配合,以协调发展来要求学生,不能单以分数来衡量学生的优劣。当然光有这些措施还远远不够,班主任要制订严格的考试制度,对考试作弊的学生要从严处理,让他们知道作弊要

① 李雄.人文传统与高校学风建设[J].青春岁月,2011(2):21.

付出严重的代价的。良好学风的建设不是单靠班主任就能实现的，它需要学校、家庭、社会的共同配合，班主任要充分利用三者中的资源，同时又要避免被三者中的不利因素所影响。

（三）合理的教学安排

合理的教学安排是促进教师教学有序进行的重要环节，是提高教学质量的重要措施之一，班主任必须协同学校与教师来创造更好的学习环境。对于学生来说，自己刻苦学习是主观要素，而良好的课程教学安排是客观因素。好的学习效果是主观要素与客观因素共同作用而产生的，学生在努力学习的时候，班主任应该提供合适的教学安排来协助学生的学习。

1. 根据每门课的特点安排授课时间

合理的授课时间是合理课程安排的重要因素，每门课程都有其特点，班主任要根据课程特点和学校制订课程时间的部门进行协商，争取将课程安排在合适的时间内。比如数学课需要很强的逻辑性，需要学生全心投入，因此，数学课最好不要安排在下午，或者安排在上午的第三、第四节。这个时候的学生已经处在疲惫期，对课程的接受程度会比较低，像数学这样的科目就不适合在这个时候教授。

2. 班主任应该与授课教师共同完成教学计划

班主任平时与学生接触的时间最多，对学生的学习状况比较了解，因此，班主任需要协助授课教师一起来制订教学计划。教学计划应该从学生的实际出发，要根据学生的学习水平与学习状态来制订。过高的教学计划会让学生产生不自信，甚至厌学，好的教学计划则会让学生学习起来游刃有余。

3. 摸底测评制度

适时地对学生的学习状况进行一次摸底，对教师更好地了解学生的水平有重要帮助。班主任应该就测评计划与授课教师进行沟通，让授课教师协同完成。测评的内容最好不要是综合性的考核，应该是对一段时间内完成的教学计划进行的考核。若学生处在重要考试前夕，那么测评就应该是综合性的考核。另外，班主任也不能过分看重测评的结果，毕竟测评具有一定的不确定性，比如说试卷可能针对性较强，有的学生恰巧在这个部分学得不好，因此，成绩也就不理想。面对在测评中成绩不理想的学生，班主任应该与授课教师一起帮助学生找到自己的薄弱点，然后进行针对性的复习。

4. 培养学生劳逸结合的学习方法

学生在学校的学习是紧张的，尤其是面临升学考试的学生，因此，班主任在日常的教学管理中还要注意让学生劳逸结合。一味地投入学习而不放松并不一定能提高学习成绩。学习要讲究方法，学习一段时间之后要让大脑进行放松。有的学生非常努力，但是成绩不好，这可能就是跟他的学习方法和学习效率有关。好的学习方法会让学习效率大大提高，不好的学习方法则会起到相反的作用。

二、班级思想政治教育工作管理的实施

（一）思想教育

1. 思想教育的作用

思想教育是学校教育的重要组成部分，也是班主任在班级管理中的重点之一。学校中的思想教育是在掌握知识的基础上，对学生进行思想教育。每个人的人生观、价值观、世界观都不一样，因此，班主任应该根据学生的实际情况，制订针对不同情况的教育方法，引导学生树立正确的人生观、价值观和世界观。

对学生的思想产生影响的因素有很多，比如电视媒体、偶像、家庭氛围、学校学习氛围等，在众多影响因素中学校学习氛围只是其中一个部分，家庭、社会都对学生的思想教育负有责任。班主任对学生的思想教育主要表现在以下几个方面：

（1）班主任对学生思想的形成起着直接的作用。班主任是学生在学校的第一责任人，在学校中与学生的接触最多，也最了解学生的思想状况，因此，在学校中班主任对学生的思想形成起着最为直接的作用。为了了解学生的思想状况，班主任应该经常找学生进行谈话，了解其所思所想；还要经常组织班级活动，让学生在一个良好的氛围中学习。

（2）班主任对学生的思想起着转化作用。学生生活在这个社会中，难

免会被一些不好的社会风气所影响，产生一些消极的思想，当学生面临这些困难时，班主任应该主动挑起解决问题的重任。班主任应该主动对学生进行思想教育，使他们重新回到正确的轨道上来。面对一些所谓的“问题学生”，班主任不能不管不问，而是要尽自己的最大努力去帮助他们改变自己。

(3)班主任对于学生的思想的形成起着潜移默化的作用。简单的说理、劝说并不一定能改变学生的错误思想，班主任日常行为表现也能够对学生的思想产生影响。班主任老师在学校所有的教师里面，与学生接触的最多，班主任的一言一行对学生会产生潜移默化的影响。这种影响是深远的，所以，班主任要注意自己的一言一行，要时时刻刻为学生做着好的榜样。

2. 思想教育的主要内容

(1)人生观教育。人生观是指对人生的看法，也就是对人存在的价值、存在的意义的思考。其具体表现为苦乐观、荣辱观、生死观等。是否有正确的人生观不仅关系到学生在学校的成长，还关系到他们未来的发展。影响学生人生观的因素主要是环境，当然也有个人经历、感情、知识水平等因素。青少年时期，因为知识储备不足、个人经历较少、心理不够成熟，学生的人生观、世界观还不够稳定，所以这个时期的教育对他们的影响是巨大的。班主任需要特别重视青少年学生的人生观教育。

(2)社会责任感教育。社会责任感就是在社会中，每个人对待其他人或者其他事的伦理关怀和义务。也就是说社会不仅是由无数个个体组成的，而且是一个不可分割、相辅相成的整体。怎么样才能让学生正确处理好自身与社会的关系，这是班主任需要思考的问题。你为社会服务，社会才会给你带来便利。有的学生对社会责任感看得较淡，认为自己没有为社会服务的义务，这种思想产生在学生身上是非常危险的。因此，班主任应该加强对学生的社会责任感教育。

(3)理想教育。理想是人们在实践中形成的、有可能实现的、对未来社会和自身发展的向往与追求，是人们世界观、人生观和价值观在奋斗目标上的集中体现。它既是一种向上的动力，也是一种奋斗的目标。理想需要根据实际情况来制订，过高的理想和过低的理想都不利于学生的发展。有时候“理想”和“梦想”只是一线之隔,过高的理想会非常难实现,一旦实现不了自己的理想,学生会产生消极的情绪,这对学生的发展产生不利的影响。理想定得过低会使理想非常容易实现,产生不了满足感,同样不利于学生的成长。因此,切合实际的理想非常重要。班主任要担任好咨询师的角色,积极地去了解学生的心理状况和学生的理想,根据自己的经验来为学生制订出适合他们自己的理想。

(二)政治教育

政治与我们的关系十分密切,但是我们对待政治的态度以及政治信仰并不是生来就有的,它是我们在生活中逐渐产生和形成的。有些同学认为政治离我们十分遥远,似乎不是我们需要关心的事情,其实政治教育在学生接受教育的过程中起到了承上启下的作用,占有举足轻重的地位。

政治教育是学生能够全面发展的重要前提和保障,可以这么说,没有接受过政治教育的学生不是一个全面发展的学生。一个全面发展的学生不仅仅要学好各门学科,还要重视自身的素质建设,同时还要重视自身的政治教育。班主任在对学生进行政治教育时应该注意以下几点。

1. 政治教育的目的

学生在学校学习的主要目标,是为了未来更好的发展。学校、老师在注重分数的同时,也要加强学生的政治教育。在义务教育阶段,学生的主要任务是学习,但政治教育也很重要。义务教育阶段的学生有其鲜明的特点,那就是年龄小、思想不成熟,所以班主任在对他们进行教育的时候,尽量浅显易懂一些,使学生对社会目标有清楚的了解,并且认同社会目标,形成积极向上的政治意识。

2. 让学生遵守宪法和其他法规

法治教育的根本便是尊重法律。宪法是我国的根本大法,我们在做任何事前都要明确是否触及宪法。我们要让学生了解宪法,了解我国的基本政策和基本制度,让学生了解什么是权利和义务,作为公民有哪些权利与义务,如何履行等。

3. 让学生认清我国的政治现状

义务教育阶段的学生理解事物的能力还有待提高,因此,班主任在对学生进行政治教育的时候要注意学生的特点。对于学生,我们通常只要求其能知道我国的政治形态、政治特点等基础性问题。青少年学习政治是大有好处的,能够加强学生分辨事物的能力,同时为以后行使公民权利打下坚实的基础。

(三)道德教育

道德是人们内心最纯真的一种理念,是人们生活及其行为的准则与规范。个人对待他人、社会、国家要真诚、富有爱心、富有责任感,从而能够正确地选择自己的生活方式。对青少年进行道德教育,是为了让他们形成良好的道德观念和道德行为,帮助他们认清什么是不道德的,什么是不能做的。学生年小幼稚,非常容易受到不道德行为的影响,班主任要积极帮助学生排除这些对他们成长不利的因素。

道德是人与人、人与社会能够和谐相处的前提,是人们完善自己的基本准则,对社会的发展、国家的未来有重要影响,是学生全面发展的重要组成部分。

(四)心理健康教育

中小学生心理健康教育是根据中小学生生理、心理发展特点,运用有关心理教育的方法和手段,培养学生良好的心理素质,促进学生身心全面和谐发展、素质全面提高的教育活动。心理健康教育是素质教育的重要组成部分,提高学生心理素质和心理健康水平是素质教育重要的培养目标之一,加强心理健康教育是全面推进素质教育的迫切需要[①]。人们往往更加重视身体健康,而缺少对心理健康的关注,其实心理健康与身体健康都很重要,二者缺一不可。许多家长和班主任都很关心学生的身体健康,比如孩子生病、个子不高等,但是很少关注孩子的心理健康。学生在青少年时期心理健康的表现有以下几点:

(1)有积极的心态,面对困难不退缩,不产生畏惧的情绪,能够积极地面对困难,并且找出解决问题的方法。

---

① 谈凤.中小学生健康人格形成的研究与实验[J].才智,2011(27):247.

(2)能坚持正常的学习、锻炼和社会交往。

(3)能正确地处理人际关系,与朋友、同学关系良好,对陌生人不产生恐惧感。

(4)行为举止正常。

(5)能正确地认识自己、认识社会、认识学校等,根据自身情况安排自己的生活和学习。

三、班级其他工作管理的实施

(一)班会

班会是以班级为单位,以一定的目的为指向的班级会议。班会是班主任实施班级管理的重要组成部分,通常由班主任主持。班会一般分为主题班会、常规班会和测试式班会。不同类型、不同内容的班会所起的作用也不尽相同,不过大体上有以下几个方面。

1. 班会有利于提高学生的认识能力

班级的管理不是班主任一个人的责任,需要全体同学和班主任共同努力。因此,班主任需要将一段时间内班级出现的各种情况向学生进行汇报,并且让学生发表自己的看法,通过班会班主任可以就学生对某些问题的不同看法,进行统一认识的教育。班主任还可以对这种认识进行强化教育,加深学生对问题的理解,使他们增强是非判断能力。

2. 班会有利于提高学生的自我教育能力

班会体现着班级共同的思想,因此,班主任在班会的设计到实施环节都应该让学生参与进来,让学生在这个过程中得到多方面的锻炼,发挥学生的潜在积极性,更好地培养学生的能力。有经验的班主任总是会事先把班会的意图告诉学生,为学生提供一个发挥才能的平台,而不代替学生去做,他们善于调动学生的创造性思维,让学生自主发挥聪明才智。而一个将所有事情都安排好的班主任,总是让学生有种被动的感觉,这样自主教育的主动性和积极性就会差一些。

3. 加强教师与学生的沟通

班主任与学生共同参与班会,这是加强班主任与学生沟通的好机会。班会活动是师生加深了解的过程,也是师生加强团结的过程。班会活动中,学生可以没有束缚地对班主任吐露心声,说出心中所想,同时也可以提出对班级管理上的建议和要求。班级管理并不是指班主任高高在上地进行管理,而是要和学生做朋友,知道他们所想,了解他们的困难,为学生创造更好的学习条件,只有这样才能建设一个和谐的班集体,只有这样才能够促进学生学习的进步。

4. 了解学生实际困难,为学生创造更好的学习条件

学习是学生的职责,在学校中,一切活动都要以能帮助学生学习为前提,都应该成为学生学习的重要辅助,当然班会也不例外,班主任和各科教师都应该参与班会。各科老师在班会上能够对这一段时间里学生的学习状况进行一个小的总结,并且指出需要改进的地方,而学生也可以将自己所遇到的学习方面的困难向授课教师反馈。班主任在授课教师与学生之间应该起到桥梁的作用,为双方能够更好地合作创造好的条件,比如学生反映说下午上数学课总感觉提不起精神来,这时候班主任可以积极地与其他授课教师进行协调,将数学课的上课时间进行调整。班会不应该成为“假”、“大”、“空”的代名词,相反,班会时间应该成为能解决实际问题的时间。

(二)伦理谈话

谈话是指班主任通过各种形式对学生说理,使他们明辨是非,解除疑惑,提高认识,保持健康的心理,加强道德修养的教育活动方式①。谈话是班主任日常工作中的一项重要内容。伦理谈话的目的是为了从根本上提高学生的共产主义觉悟,增强明辨真、善、美与假、恶、丑的能力,逐步懂得做人、立志、创业的道理。它是我们进行理想、道德、纪律三普及教育必不可少的手段之一,也是我们当前保护学生、建设社会主义精神文明的必不可少的手段之一②。班级管理离不开伦理谈话,它是班主任在班级日常管理中非常重要的一个环节。班主任在伦理谈话中要注意以下几点。

---

①白铭欣.实用班主任学[M].南京:江苏教育出版社,2007:365-366.

②陈钟梁.怎样进行伦理性谈话——班主任的谈话艺术之四[J].江苏教育,1985(9):12-13.

1. 在伦理谈话的过程中，班主任应向学生灌输正确的思想

学生正是从班主任及其他授课教师的不断灌输的道理中提高认识、学会明辨是非的，虽然通过其他途径学生也能够学到这些，但是在日常教学中，班主任与学生的关系最为亲密，对学生的了解更深，对学生的影响更大。因此，班主任更应该注重向学生灌输正确的思想，让其学生学会明辨是非。

2. 通过伦理谈话，让学生学会分析事物的本领

学生需要学会分析事物的能力，而在学校教学中学生只能接触到书本知识。书本知识对学生提高分析事物的能力作用有限，因此，班主任应该发挥关键作用，通过言传身教让学生在不知不觉中学会分析事物的本领，提高分析事物的水平。

3. 伦理谈话要提高学生处理事情的能力，还要纠正其错误思想

班主任的伦理谈话灵活性很强，需要根据不同学生的实际情况制订谈话内容。在谈话中，班主任要明确指出学生哪里有错误，并帮助学生分析错误产生的原因，使学生在这样一次次的伦理谈话中成长起来，发挥伦理谈话对学生成长的重要作用。

4. 伦理谈话可以使班主任和学生之间关系更加亲密

伦理谈话不仅仅是班主任在发现问题的时候才与学生进行的谈话，伦理谈话还应该贯穿于学校教学的全过程。班主任找学生谈话并不代表学生出现了错误，当学生表现优异的时候班主任也可以找学生进行谈话，当然，在这种情况下谈话内容更多的是表扬。当学生在学习中遇到困难的时候，也可以主动找班主任谈话。伦理谈话能够加深班主任与学生之间的感情，使班主任与学生不仅仅局限于师生的关系，而逐渐发展为朋友的关系。

（三）鼓励学生积极参与班级活动

班级活动是学生认识客观世界、认识他人与自我、适应学校生活与社会生活的重要途径，也是建设良好班集体的重要组成部分[①]。班级的目标

---

① 黄立刚.班主任如何有效开展大型班级活动——以学校运动会的开展为例[J].基础教育研究，2010(17)：17-18.

要靠所有成员共同参与完成。班级活动是指在教育者的组织和领导下，为实现教育培养目标，完成学校的教育计划，组织班集体全体成员参加的一系列活动。班级活动一般包括思想品德活动、课外活动等。班级是学生成为社会人的重要环境，对学生素质的培养有重要影响，一个良好的班级，同样是一个小社会，对学生个体社会化起着重要的促进作用。良好的班级氛围、丰富多彩的班级活动会促进学生多方面兴趣的发展，对学生的全面发展有重要作用。因此，除了教学计划中规定的课程以外，班主任还要多安排一些班级团体活动。班级活动要求学生能够团结一心，有利于提高学生的集体荣誉感。学校也应该多举办一些比赛，不仅能激发学生的求胜欲望，还能让学生产生班级荣誉感。

班级活动有以下几个特点：首先，班级活动强调自愿。班级活动完全由学生根据自己的兴趣、爱好自由选择，自愿参加，教师只能鼓励而不能强迫，如果学生对某些活动没有兴趣，班主任强求参加也难以调动学生的主动性与积极性，这是与班级活动的初衷相违背的。其次，班级活动要注意学生的差异性。学生之间有很多差异，比如有的学生体育较好，有的学生美术较好，有的学生比较爱好唱歌，因此，班级活动要丰富多彩。另外，有的学生学习成绩较差，但是在某些方面有天赋，因此，班级活动又要求班主任能够善于发现学生的“闪光点”，并且根据学生的不同特点因材施教，以充分发挥学生的潜能与特长。再次，活动内容具有广泛性。班级活动应该是丰富多彩的，班级要组织各种科学兴趣小组，搞科技小发明，举办科技讲座，参观科技展览，培养学生讲科学、爱科学的兴趣。最后，班级活动形式具有灵活性。相对来说班级仍然是一个较小的群体，因此，形式应该灵活多样。从规模来看，有小组活动，有班级活动，甚至可以有全年级的活动。从具体的活动方式来看，可以有体育活动，可以有文艺活动，也可以搞讲座、报告等。通过不同形式的活动能够培养学生的组织、设计及操作能力，获得心理上的满足，从而增强自信心。

班级活动通常包括政治性活动、信息性活动和娱乐性活动。政治性活动顾名思义是以思想品德教育和行为规范训练为主要内容的班级活动。信息性活动是指一切对学生的知识构成或者判断标准产生影响的班级活动。在这里之所以不将信息性活动说成知识性活动是因为信息这个词的范围更广,所有的知识都是信息,而信息不全是知识。娱乐性活动是指以培养学生在文艺、体育方面的兴趣、技能为主要内容的班级活动。

(四)遵循考勤制度

考勤,顾名思义,就是考查出勤,也就是通过某种方式来获得员工或者某些团体、个人在某个特定的场所及特定的时间段内的出勤情况。考勤分为全勤、病假、事假、旷课、迟到、早退等。上课考勤一般由班主任负责,当班主任没有办法负责的时候班干部应该负责班级的考勤。自习课、早晚自习考勤一般由班干部负责。班级的日常考勤结果由班长负责统计好,然后将结果报告给班主任,在每学期结束的时候班主任要将此学期的学生考勤结果总结好,并将其登记在学习成绩单上。对于那些经常迟到、早退的学生,班主任要及时与家长联系,将学生的情况告知家长,情况严重的,要协同学校对其进行教育。

学生要"按时到校,不迟到,不早退,不无故旷课",这是维护教学秩序,督促学生遵守纪律的重要措施。学生要是有病或者有事情,必须向班主任请假,告知班主任自己的真实情况,应该事先办好请假手续。如果是病假,请假时应该有家长或者医疗机构的证明,详细填写好学生请假条,写清楚请假时间、原因,并且按照时间的长短请相应的部门给予批准。比如请假一天只需要找班主任签字,要是请假一个礼拜,则需要有学校的批准。事前要是有意外原因不能及时请假,事后必须补办请假手续,否则按照旷课来处理。

(五)计划与总结

计划、总结、学生操行评定是班主任在班级管理中的重要工作,也是最常规的工作。做好这些常规工作,对教育好学生具有十分重要的作用。

1. 班级工作计划

班级工作计划是班主任班级管理中的准则和依据,一个优秀的班主任应该做到心中有数,对什么时间应该做什么事情非常清楚。现在有越来越多的年轻班主任走上教学岗位,这些年轻班主任往往缺乏班级管理经验,因此,制订班级工作计划便显得非常重要。班级工作计划应该由班主任和学生一起制订,这不仅增强了班主任与学生的沟通,还能让学生产生强烈的责任感,让他们认识到自己是这个班集体的重要组成部分,只有这样才能更好地形成班集体的合力,也更加容易克服不利于计划要求的行为表现。

制订班级工作计划,必须遵循一定的条件要求:

(1)根据学校工作目标。班级是学校的组成部分,因此,班级制订的班级工作计划应该与学校的工作要求相吻合。学校的工作计划通常是从整体着手,而班级工作计划应该结合班级工作特点,用比较实际的内容来反映学校的工作要求。脱离了实际的工作计划没有任何的可实施性,相反可能会给班级管理带来负面影响。

(2)根据班级的实际情况。制订班级工作计划必须要抓住班级的实际情况,也就是说一切从实际出发,实事求是。班级工作计划既不能制订得过低,也不能制订得过高,过高或过低的工作计划都是无意义的。同时班级工作计划还要反映出班主任对班级的美好愿望,也就是说班级工作计划制订的方向应该符合班主任的期待,也符合学校的期待。班主任在制订工作计划的时候要充分了解学生,准确估测出学生的能力和潜力,只有这样,班级工作计划才有可操作性。

(3)根据学生的特点。班主任在制订班级工作计划之前要想到这个工作计划的实施对象是青少年学生。因此,要适合青少年的特点,比如青少年天性爱玩、爱动,班级工作计划的内容就不能太过于死板,要鼓励学生合理地去玩,合理地去发展自己的兴趣爱好,并通过兴趣爱好的培养来培养学生的学习兴趣。

班级工作计划有几种类别。从内容上可分为综合班级工作计划和单项工作计划。从时间上可分为班级总体工作计划、学年工作计划与学期工作计划。班级工作计划的内容可分为以下几点:①班级基本情况和学生情况的概括分析。这部分要直接说出班级的基本情况,要说得明白清楚。②向学生和家长阐述学校的工作要求和本班的工作目标。③实行班级工作计划的具体措施。④评价班级工作的指标。

2. 班级工作总结

班级工作总结是在一个学期或者一个学年结束的时候,对班集体在

一个固定时间内的表现进行一个综合评价。班级工作总结的内容非常广泛,对班级管理有着非常重要的作用:

(1)让学生和授课教师了解本班的实际情况,为下一步的教学安排做准备。班级工作总结能够客观反映班级的情况。授课教师可以根据教学情况及时调整自己的教学计划,使之能够适合学生的情况。而学生可以根据班级工作总结知道自己在班级中的地位,比如某位同学的数学成绩在班级里排名靠后,而英语成绩名列前茅,那么这位同学可以花多一点的时间在数学上,合理安排时间才会有更好的学习效果。

(2)对学生在班级活动中的积极表现给予肯定。学生是需要鼓励的,这种肯定对学生来说是一个鞭策,对其他学生来说则是一个激励和促进,良好的竞争能够为学生学习提供一个好的环境。

(3)班级工作总结能够让班主任提高班级管理能力。班级工作总结是对班级管理教育工作规律的一种探讨,是对班级管理经验的一种积累,班主任在班级管理中的经验常常是在不断地总结工作中得到的,所以班主任要认真对待班级工作总结。

(六)班级档案的整理

班级档案是记载班级活动和学生情况的文件,班级档案系统是一个教育单位必不可少的组成部分,它对于学校的管理来说至关重要。班级档案一般由班主任填写,它的具体项目内容,大致有以下几个方面:①班级学生的名册(包括学生的年龄、性别、出生日期、民族等)。②班级的状况。③学生各科成绩记载。④班级的课程安排。⑤授课教师安排。⑥学生上课情况。⑦班级干部的设置情况。⑧学生的表现记载。⑨班级活动的参与情况记载。⑩班会内容的记载。⑪其他。

班级档案没有固定的形式,通常由班主任根据需要来设计,只要方便浏览即可。一般班级档案是需要长时间保存的,以便总结和积累经验。

第六章　协调教师和管理者实务

第一节　协调任课教师实务

作为学校教育的一个基本单位，班级始终处于诸多关系和矛盾之中。班主任是这个基本单位的“龙头”，是教育教学的领导者、组织者和推动者。班主任要妥善解决各种矛盾，及时沟通各方面、各环节，调节好内外人际关系，形成班级的教育合力，充分发挥教育教学的最大效益，必须注意做好协调工作。

一、协调任课教师的意义

（一）从学习的角度来看

学生的主要任务就是学习，各任课教师与班级里的学生有直接关系。各个任课教师授课特点不同，有的风趣，有的严谨，有的声音大，有的声音小，有的语速快，有的语速慢，等等，可能会让学生不适应。这时做好学生与任课教师的沟通就特别重要。协调任课教师与学生之间的关系不仅是班主任的职责，也是班主任工作的一项重要义务。妥善处理好任课教师和学生之间的关系，对搞好整个班级的教育教学工作，促进良好班风的形成有至关重要的作用。

（二）从管理的角度来看

任课教师能协助班主任做好学生管理工作。如果他们只管教学，其余不过问，班主任就无法了解上课时学生们的动向。多和任课教师沟通，把自己的想法告诉任课教师，请他们提意见、想办法。尊重任课教师，他们也会对班级管理工作热心支持。

（三）从心理健康的角度来看

任课教师，同时任教好几个班级，如果缺乏管理班级的能力，即使有再高的教学水平，面对乱成一锅粥的学生，只能是对牛弹琴，收效甚微。久而久之，每节课教师都在愤怒中度过，对教师本人和学生的身心健康会造成很大的伤害，这是部分任课教师所面临的亟待解决的问题。

“三个臭皮匠，顶个诸葛亮”，一个班集体的管理，仅凭班主任一人之力，很难把所有的工作都做好。在班级管理中，班主任应积极发挥自己的协调作用，凝聚所有任课教师的智慧和力量，做到齐抓共管，才能将班级管理的水平和效果提升到一个新的高度。

二、协调任课教师的措施

班主任是班集体的组织者、协调者，对于班集体的建设和学生个性的成长都起着十分重要的作用。作为班主任，如果只重视自己而忽视任课教师的地位，忽视学生对任课教师的不礼貌言行，那结果只能是前功尽弃。班主任要善于处理班级偶发事件，讲究处理的方法和技巧，尤其要处理好与任课教师的关系，做好任课教师与学生的桥梁和纽带。

（一）让任课教师多参与班级的管理工作，强化任课教师的主人翁意识

很多班主任反映自己班里的任课教师对班级没有什么主人翁意识，只要上好课，其他有关班级的事情，他们一概不予过问。其实，这在很大程度上都是由班主任自己造成的。作为班主任，在刚接手班级时，要做很多事情，比如拟定班务工作计划、制订班规、选班干部与科代表等。如果能尊重、采纳任课教师提出的宝贵意见，不仅能激发他们关心班级工作的热情，同时还能消除原有的种种顾虑，互相配合，同舟共济。这样会大大提升任课教师的主人翁意识。如果以为任课教师的意见和建议无足轻重，消极对待，不仅会挫伤其积极性，还会出现相互埋怨的现象，以致影响

工作。

团结依靠任课教师建立一个统一体，在这个统一体中建立统一的目标，比如班上的哪些学生要达到什么目标，在达到这些目标的过程中需要任课教师做哪些努力，要做到分工明确、协调统一。这就要求班主任在工作中要积极主动召集任课教师商讨，做好协调工作。班主任与任课教师对学生要求必须统一，发挥好纽带作用。马卡连柯指出“没有对孩子们的统一态度，就不可能有任何教育”。要求统一就能产生教育的合力；要求不统一，就会使学生无所适从，就会破坏教育的合力，甚至养成学生双重人格或两种态度。班主任应经常主动地与任课教师进行联系，互通情况，交换意见，了解学生课堂表现，特别注意了解学生的进步情况和存在的问题，以便及时地做好学生思想工作和改进教育方式；还要经常与任课教师一起探讨教育学生的方法，达成共识，并邀请任课教师共同管理和教育学生。当遇到一些“疑难杂症”或自己不便出面，或学生对自己不信任时，更应主动请求有经验的任课教师配合。

班主任要发挥组织领导作用，为共同的目标把任课教师组织起来。一个有十几名教师的群体中，年龄、性别、经验、性格各不相同，班主任对这些教师要熟悉和了解，不仅要了解他们的教学特点，使他们长短互补，而且要尊重他们的性格特点和对班级工作的意见，使他们感觉在这个班级工作愉快，愿意和班主任共事。班主任还要和任课教师一起根据教学计划要求，分析班级实际情况，主动征求任课教师的意见和建议，同时要主动向他们介绍本班学生各方面的情况，特别是个别后进生的情况，以取得任课教师客观合理的意见和建议来制订教学目标，使每位任课教师在各自学科教学中为实现班级教学目标而努力工作。

（二）不断提高任课教师的威信，主动协助任课教师处理教学中出现的问题

首先，主动搭台，树立任课教师威信。一名优秀的班主任不仅要让学生接纳自己，也要帮助学生去接纳其他任课教师。在学生面前树立任课教师的威信，才能使每一个老师更快地进入角色，融入学生当中。班主任要在全体学生面前树立任课教师的威信，帮助学生接纳教师，适应教师。

教师水平再高，若学生心里不接受，教师则很难将知识有效地传授给学生，教师的才华也不能充分地展示出来，这就需要班主任发挥其协调作用。每当新学期开始的时候，班主任要利用班会时间向同学们详细介绍本班的每一个任课教师，着重强调任课教师的优点、特点，使学生们在思想感情上先接受每一个任课教师。班主任要充分利用各种机会，经常对学生进行热爱、尊重任课教师的教育。班主任要了解每位任课教师的专业范围、专业优势和教学水平并向学生宣传，提升任课教师的威信。当学生从心里敬佩一个教师的时候，就会淡化教师的一些小缺点。班主任要经常向学生介绍任课教师的教学特色，尤其是着重挖掘那些不易被人发现的教学和为人的长处，介绍任课教师教学工作的辛勤与期望，同时可以利用一切可能的时机和条件，密切关注任课教师和班级学生的关系。如班级组织的活动，邀请任课教师参加；遇到重大节日，让学生向任课教师表示敬意与祝贺；遇到任课教师患病，派学生代表前往探视和慰问；等等。平时应经常教育学生，让学生懂礼貌，尊重老师的劳动。由此增进学生对任课教师的敬意和信任，缩短师生之间的思想距离，树立任课教师的威信。班主任应该多创造让任课教师有所表现的机会，这样会更有利于任课教师在班里开展教学工作。当学生对任课教师产生了误会或感觉不适应时，要利用班会或课余时间，集体的或个别的做好解释说明工作。如果一个班级的任课教师都能深得学生尊重和爱戴，那么班级里学生的情绪就会比较稳定，学习的气氛肯定很高涨，良好的班风就此形成了，班主任工作就轻松了。班主任要及时沟通教师间以及师生间的信息，调解他们之间可能出现的矛盾，开展思想交流，以加强了解，增进情感。要做好这一点，班主任首先要尊重、信任、关心、理解每一位任课教师，支持每一位教师的工作，在学生面前要尽力维护好各科教师的威信。

其次，奠定任课教师管理学生的基础。一个任课教师要对一个班级进行良好的组织教学，先要知情，要了解班级和学生，所以，班主任要准备好班级学生名册、成绩表，编好座次表、学号，本班的上进生、中等生、后进生情况表，并把这些表册在学期初主动交给任课教师；同时召开任课教师会，把班上学生情况、班级的优缺点介绍给任课教师，使他们心中有数，有的放矢地进行教育教学。学生在成长，班级情况在不断地发生变化。因此，班主任有必要及时掌握学生学习上、生活上、心理上、生理上的变化，并把这些变化及时反馈给任课教师，以便他们及时了解，因材施教，加强教育教学的针对性。

最后，加强情感交流，为任课教师排忧解难。班主任与任课教师、任课教师与任课教师之间的关系，不仅是一种工作关系，更是一种合作和协同努力的关系。因此，做好情感交流工作，是班主任协调任课教师的重要内容。情感融洽了，老师之间的距离就缩短了；情感融洽了，老师之间的配合就默契了；情感融洽了，压抑的心情变得愉悦了；情感融洽了，辛苦的工作变得轻松愉快了。每一个任课教师在教育教学过程中，都有可能遇到工作、生活中的困难，甚至挫折，这时，班主任的协调就体现在及时为其排忧解难上。作为班主任，要理解和明白协助任课教师解决教学中出现和遇到的困难，与解决班级工作中存在的问题有密切的关系。如经常向任课教师了解其学科作业上交和课堂学习情况，以便及时掌握学生的学习情况，防止学生偏科、厌学等现象的出现。在课堂上，个别学生会与老师发生一些摩擦，班主任对此类问题要冷静，要耐心听取任课教师的陈述和意见，要设身处地地理解任课教师，协助任课教师教育学生，同时要教育学生尊重老师。这样的协调工作能使班主任与任课教师"抱"成一团，齐心协力，风雨同舟，共同建设好班集体。譬如，英语老师感冒了，不能按时来上课，班主任及时补位，一方面对学生讲明情况，不使学生对英语老师产生误会，并引导学生课后慰问，另一方面主动与英语老师对调一节课。这样，英语老师不仅会与班主任形成良好的合作关系，还会在身体康复后主动地去补好课。

（三）协调好各学科的学习时间，努力使学生全面发展

班主任要协调好各科的学习时间，让每位学生都重视每一门课，这样才能提升整个班级的成绩。在班级教学中，经常需要班主任通过教导处协调各科教学行为，如各科作业布置、辅导、单元考试、自习时间的利用等，往往发生"撞车"现象，班主任要重视协调，深入学生之中，广泛听取学生对各科教学的意见和要求，及时客观地向教导处和有关任课教师反馈教学信息，提出适当的教学调整意见，统一安排课外辅导，保证正常的教

学秩序。班主任要经常召集各任课教师，及时分析班级教学中的共同倾向和问题，适时调整和改进教学方法，提高教学质量。在一个班级里，学生往往最重视班主任所教的那门学科。因此，班主任要正确引导学生针对各个学科合理分配学习时间，避免出现严重的偏科现象。另外，班主任也应该多帮助学生解决其他学科的问题。班主任的教学时间相应要比任课教师多一些，特别是在复习阶段，任课教师的时间明显不足，有时可能要调用班主任的课。在这种情况下，班主任一定要大力支持、积极配合。

班主任要在学生课业负担上发挥协调任课教师间相互统一，协调一致的作用。教师在课堂上所讲的知识，大部分内容需要学生在课后消化吸收，课堂上布置的作业也需要学生在课后完成。任课教师都希望学生重视自己所教学科，在课后多在自己所教学科上花时间，各科教师只管自己留作业，缺乏统一安排。因此，常常导致一天内布置作业门类过多，题量过大，造成学生课业负担过重，有时甚至出现争占学生自习时间，对学生轮番“轰炸”现象。此时，班主任需要做一些协调工作，以达到各任课教师步伐一致，协调统一的目的。特别是班主任自己所教这一科要主动让路，因为班主任所教的科目有班主任效应在里面，学生会比较重视，如果班主任这时不做让步的话，可能会造成学生的偏科现象，后果可想而知。具体工作可根据各学科的任务与分量，根据学生每天可自由支配时间的长短，与任课教师协商，有侧重地布置作业，如可在办公室设立一块“学生当日家庭作业统筹板”，每日各科教师在上面填写自己布置的作业内容和大约需要的时间，由班主任进行协调。这样既不致造成学生课业负担过重，使他们很好地消化吸收当天所学内容，又能使学生保持旺盛的学习精力和学习热情，不致产生厌学情绪。

（四）协调好学生与任课教师的关系

同班主任一样，任课教师也担负着既教书又育人的重任，因此，任课教师与学生的关系也必须是和谐的、亲密的，这样才能达到教书育人的目的。但是，任课教师毕竟不同于班主任，不如班主任与学生那样朝夕相处、接触频繁，所以，一般情况下，也不如班主任与学生那样关系密切。学生在对待班主任和任课教师时，心理上是有一定区别的，这就是为什么在其他任课教师的课堂上敢说话、敢做小动作甚至顶撞教师而在班主任的课堂上不敢的原因。作为一个班主任，应力争使每个任课教师都与学生建立起良好的师生关系，不能出现学生对任课教师感情上的隔阂。因此，为了加强任课教师对学生的教育，班主任很重要的一项工作就是加强学生的尊师意识，让学生信任每一位任课教师，尊敬每一位任课教师，积极配合每一位教师的教学工作，珍惜每一位老师的劳动成果，使教师有成就感。

维护良好的师生关系，化解学生与任课教师之间的矛盾，是班主任协调工作中的重头戏。学生由于思想意识不强，是非分辨能力不够，易受外界不良行为的影响，在日常教育教学活动中，容易与任课教师产生一些误解、矛盾甚至冲突。师生间的矛盾比较复杂，有时完全是学生的错误引起的，有时是由于教师过严、态度过硬而导致的。无论哪种情况，如果处理不当，都有可能造成师生之间的对立，不利于教学工作的正常开展。因此，当任课教师与学生因某种原因出现对立情绪时，班主任一定要妥善处理学生与任课教师的矛盾，要坚持实事求是、尊师爱生的原则，及时疏导协调，使双方主动化解，绝不能出现贬低任课教师或同任课教师共同训斥学生的现象。既要维护任课教师的威信，也要让学生心服口服，不要产生怨恨与隔膜。为此，班主任应努力创造条件，让各任课教师多一些亲近学生的机会，为那些学生平时不太亲近的任课教师多创造一些展露特长和才华的时机，使他们在学生的心目中树立起可亲可敬的形象，从而缩短师生感情上的距离，直到关系融洽。只有这样，才能使学生对每门功课的学习都保持应有的热情，不至于出现偏废现象。

在教学活动中，每天都会出现许多情况和问题。如：教师教的过程中学生学得是否专心，作业完成是否认真，对知识是否理解领会等；学生学的过程中对教师的教学方法是否适应，对老师所传授的知识掌握程度怎样，对老师的批评指正是否能够理解接受等。班主任需要把自己掌握的情况及时在任课教师与学生间进行沟通，从而使任课教师了解学生，使教学更有针对性和目的性，也使学生更加懂得去尊重和理解任课教师，从而以更加愉悦的心情去学习。

要协调好学生与任课教师的关系，班主任还需要注意以下几个方面。

1. 注重与任课教师沟通的技巧

沟通是解决问题的途径，作为班主任，发现矛盾与冲突后，首先要心平气和与任课教师沟通，了解发生冲突的原因，听取任课教师的意见和处理方法，与任课教师达成共识，做到了解情况、发现问题、及时解决问题。

2. 注重与学生的谈话技巧

作为班主任，当学生与任课教师发生矛盾后，学生的情绪激动、易怒，此时班主任要沉着冷静，千万不要冲动、发火，否则会造成不良后果。班主任与学生谈心时，要循循善诱，采用“移花接木”的方式来转移话题，让学生的心境得到平和后再来了解冲突的原因，并要求学生要原谅老师，老师毕竟是老师，要尊重老师，等达到有效的教育效果后，让学生主动向任课教师赔礼道歉。

3. 让学生主动地邀请任课教师参加班级活动，搭建师生交流的平台

让任课教师成为班级的一员，给每一次的活动特别是有任课教师参加的活动拍照并请宣传委员贴成一个“家”字，让教师写下对学生的期望，让所有学生写出自己的目标贴成“和”字，并告诉他们，家就是在共同的活动中逐步形成的，我们和老师从相处的时间上，从交流的深度上来说更像是一家人，当我们有了共同的目标后就会“和谐”发展，家和万事兴。

4. 及时传递任课教师对学生的赞扬和要求

任课教师对个别学生的赞扬，宜个别传达、及时传递，以使学生体会到老师对自己的注意和关心。同时班主任要恰当地反映学生对任课教师的评价。学生对任课教师教学及工作方法的赞扬，班主任要及时转告，学生提出的批评和建议，班主任应了解分析，筛选权衡，在适当时机以恰当的方式反映给任课教师，以便任课教师改进教学和工作方法。

班主任可以召开由全体任课教师参加的教研会，并利用茶余饭后、课前课后的时间与任课教师交谈，在交谈的过程中，把学生对任课教师的赞誉与改进意见反馈给任课教师，当然，这要讲究说话的技巧。

5. 通过家长把任课教师对学生的关爱传递给学生

在和家长的聊天中，要有意识地让家长体会到任课教师对学生的关爱，有些话通过家长向学生传达效果会更明显。请一些教育子女比较成功的老师在家长会上介绍成功经验和教育孩子的方式方法，让家长信任

教师，让学生信任教师。

（五）与任课教师定期开会，主动积极地互通学生情况，高效管理班级

班主任是班集体的主要负责人，平时和家长的联系较多，因此，对学生家庭情况的了解会更加全面。为了让任课教师也能了解学生，班主任就要在中间做好桥梁工作，主动向任课教师介绍本班学生情况和存在的问题，并且积极听取他们对学生的看法和意见，同时还要及时向任课教师反映学生的意见和要求等。这样既是尊重任课教师，又能激发任课教师关心班级工作的热情。而且，班主任的主动，还能消除任课教师可能存在的在班级管理上的顾虑，从而达到互相配合、共同为班集体建设出力的目的。而且班主任多与任课教师交流，会了解掌握更多的信息，受到更多的启发，从而全面地了解每个学生的个性。

召开学生座谈会和家长座谈会，即时了解学生和家长对各任课教师的建议和要求。在做这件事时，班主任一定要把握好尺度，绝不能把座谈会弄成是对任课教师的申讨会。我们要竭尽全力维护任课教师，然后采用比较合适的方式把了解到的情况反馈给相关的老师。

三、协调任课教师要注意的问题

班主任与各任课教师共同承担教育学生的责任，班主任和任课教师荣辱与共、水乳交融。由于教育对象上的同一性、教育目的上的统一性、教育方式方法上的互补性，班主任与任课教师存在着建立和谐人际关系的良好基础。但班主任和任课教师由于在工作角度、工作目标、工作任务、教育方法、个性特点以及对教育对象价值认识上的差异，又存在不协调的地方，其关系要经常加以调整。班主任与任课教师应建立相互尊重、互相配合的工作关系，形成班级教育的合力。班主任要教育学生客观、公正地评价任课教师。

（一）班主任对待任课教师态度要正确

在对待任课教师的态度上，班主任不能带有倾向性。尤其在学生面

前，如果态度稍微有点倾向，无疑是对学生暗示哪个老师好哪个老师不好，要维护他们的自尊和形象。这也是保护他们积极性的一项措施。要经常夸赞各个任课教师，褒奖他们的优点，让学生尊重教师。

对任课教师的不足，要提示学生找老师单独交换意见，也可向班主任或学校领导反映，而不应在公开场合评论、指责任课教师。班主任更不能在学生面前指名道姓地说任课教师的不是。如果这样做，既有损任课教师的形象，也有损自己的威信。班主任如果发现任课教师的不足，要本着团结互助，共同搞好教育教学工作的目的，向任课教师及时指出，使任课教师自觉地调整自己的言行。在班主任注意了以上几方面工作的基础上，任课教师通过自身的努力，就能逐渐地树立起威信来。

（二）班主任和任课教师交流要有诚心

1. 诚心和任课教师交换意见

学生如果在上课时和任课教师的关系不和谐，班级的凝聚力就会受到影响。因此，班主任需要诚心、客观、公正地进行处理，忌讳在矛盾的一方说另一方的坏话，否则，不仅解决不了问题，还会使矛盾激化。应让任课教师把怨气、牢骚都发在班主任这里，而作为班主任，需要抓住时机进行开导，特别是对学生既不袒护也不冤枉。

2. 诚心为任课教师树立威信

为了让学生信任每一位任课教师，尊重每一位教师，积极配合每一位教师的教学工作，珍惜每一位教师的劳动成果，班主任一定要帮助学生接纳教师、适应教师。现在的学生有这样一种心理，喜欢哪一位老师就愿意学哪一科，否则，教师水平再高，学生也不接受，教师很难将知识有效地传授给学生，教师才华也不能充分展示出来，这就需要班主任发挥其协调作用。

（三）班主任与任课教师说话要讲艺术

1. 向任课教师了解情况时，说话要慎重

班主任与任课教师谈论班级情况时，要注意说话的方式。如果学生考好了，千万不要忘乎所以，把成绩都揽在自己的身上，要多感谢对方，

"您这些日子,可费了不少力,这次取得这么好的成绩,多亏了您"。考不好,任课教师本身就不高兴,班主任就不要说:"怎么考得这么差呀?这个班其他科成绩都不错,就这科不行。"反之,班主任要对任课教师进行安慰、鼓励。这样虽然没有责怪任课教师,但是任课教师一定会反思自身,努力提高自己的教学质量。

2. 在学生面前要尊重任课教师

班主任是本班学生效仿的主要对象,自己的一言一行都会影响学生。班主任在行为上、语言上对任课教师尊重,比口头上教育学生要尊重老师的效果更好。学生们看到自己的班主任都这么尊重任课教师,他们哪有不进行效仿的呢?

总之,应该有这样的教师集体:有共同的信念,彼此间相互帮助,彼此间没有猜忌,不追求学生对个人的爱戴。只有这样的集体才能够在教学中取得丰硕的成果。因此,班主任在任课教师之间,既要做好穿针引线的协调工作,调动全体任课教师的积极性,使其形成一个团结的战斗集体,奋发工作,又要做好体察关心学生的服务工作,使班级形成良好的学习风气和氛围,达到最佳的教育教学效果。

第二节　协调科室管理者实务

班主任一般由学生处(或政教处,下同)直接领导,在具体的工作中,班主任还要与教务处、总务处、保卫处等其他科室打交道。学生管理的形式和任务千变万化,班主任在具体工作中难免会碰到这样或那样的问题。解决好这些问题,常常要牵涉到其他科室,这更需要班主任妥善处理好各种关系,有解决不了的问题及时反馈到学生处,通过正常渠道解决。这样既很好地发挥了班主任的协调作用,又加强了各科室之间的团结协作。

一、班主任与学生处

学生处是主管班主任及学生思想教育工作的职能部门,是推进学校学生德育目标的职能机构,带领班主任完成学校的各项德育工作任务。

它负责领导各年级班主任，组织班主任学习，加强班主任师德建设，提高班主任工作水平，检查和评价班主任工作。班主任经常联络的学校科室就是学生处，要协调好与学生处的关系，必须做好以下工作。

（一）积极完成学生处布置的各项任务

（1）积极、按时参加学生处例会，病、事假履行请假手续。因公、有课的班主任事后应及时到学生处了解会议的精神。

（2）共同研究学生思想道德建设和常规管理中存在的问题及解决的措施和对策。

（3）宣传、贯彻、落实上级教育行政部门和学校对学生工作的有关文件及工作安排。

（4）听取对学生违纪事件处理意见的通报。

（5）布置、落实大型活动、任务。

（6）进行学期、学年班主任工作总结及评比。

（二）做好汇报工作

（1）班级的大型活动，如面向全校或面向社会或走出校门的活动，必须事前征得学生处同意，活动结束后及时汇报活动情况。

（2）学期开学、节假日学生返校报到情况，必须按学校要求及时准确地向学生处汇报。学生未经请假缺课半天以上，应及时和家长联系，并向学生处汇报。

（3）班级发生突发事件、不良动向，班主任要立即处理，并及时向学生处直至校长汇报。

（4）班级学生的好人好事典型事例，应报告给学生处。

（5）对学生工作的建议和班主任工作中先进做法、经验并有推广价值的应积极向学生处提出。

班主任在学生处的领导下开展工作时，需要注意不只是听从学生处的安排，还应该充分发挥自己的主观能动性，及时发现工作中存在的问题，积极反馈，与学生处形成良好的双向有效沟通状态，共同提高教育与管理水平。

二、班主任与教务处

教务处是负责组织全校教学管理工作的职能部门。教导主任是校长领导教学工作的重要助手，是教学工作的具体组织者和管理者。

(一)努力提高个人修养

班主任是全班学生的组织者、领导者和教育者。班主任工作的好坏直接影响着未来人才培养。教务处要想做好全校的教学工作，就要帮助班主任搞好班级管理，不断帮助班主任提高个人修养，提升其在学生中的号召力、凝聚力，从而使班主任在班级管理中取得事半功倍的效果。榜样的力量是无穷的，如果班主任成了孩子们的偶像，那么他们才会听从班主任的管理，学习班主任的言行。

第一，班主任要树立自己的敬业形象。班主任的敬业精神，不仅体现在乐于教学、勤于教学、精于学科专业的钻研上，还体现在热爱学生、热爱班主任工作上，要树立正确的学生观和班主任观，用勤勤恳恳、任劳任怨的奉献精神投入班主任工作中，安于平凡、耐得繁杂、勇于探索，义无反顾地把自己的一切献给人民的教育事业，献给平凡的班主任工作。班主任在搞好自己的学科教学业务之外，还要花一定的精力去做学生政治思想教育方面的工作。八小时以内要做，八小时之外也要做；课内要做，课外也要做；校内要做，校外也要做。时时处处都有班主任工作可做，其特点是繁杂、平凡、琐碎、辛苦。有了兢兢业业的敬业风范，在学生的心灵中就会产生巨大的示范力。

第二，班主任要提高个人工作能力。孔子曰：“其身正，不令则行，其身不正，虽令不从。”班主任自己的行为表现要规范，要按照道德标准立身行事，不逾矩，不降低人格，具有良好的职业道德、社会公德和传统美德，让学生心悦诚服地向自己学习。班主任还要言行一致，无论课内课外，无论在学校、在社会都要表里如一、始终如一。这样，班主任在学生中间就会形成强烈的道德感化力。因此，教务处要创造条件，帮助班主任提高个人工作能力。

(二)发挥独特个性

特长是班主任在某一领域的特殊能力,特长是班主任个性中最显眼的部分,最容易使学生产生敬佩感,班主任应具备一项或数项专长。如果一个班主任能写一手漂亮的字,他的学生的字肯定写得不错;如果一个班主任爱好运动,他的学生体育能力肯定也不弱;如果一个班主任爱好文艺,他的学生肯定也多才多艺;如果一个班主任有着坚强的性格,他的学生也能学会永不言败……教务处应创造多种机会鼓励班主任将自己的个性特长运用于自己的班级管理中,并提供展示的时机,如班级诵读竞赛、读书活动、书法竞赛、各种球赛等。这实际就是帮助班主任创造班级文化特征。班级文化是一种与班级管理有着直接关系的校园文化,既是影响班级管理的环境因素,又是班级管理成果的物化标志。学生思想品德、个性特征、专业意识、知识才能、情趣情操也反映了班级文化的特征;这也能帮助班主任在班级管理中培养学生的主体意识,促进学生共性与个性的统一。管理的最终目的是要培养出高质量的合格学生。完善的管理机制能培养学生的集体意识,使他们既具有正确的信仰、价值观和人生观,又具有个人的 风格特征;既具备学生的基本素质,又能显示自己的一技之长。在一个班级中应该有校园级的"歌手、演说家、艺术家、生物学家、诗人"等各具特色的人才。

(三)建立良好的班风学风

班主任在进行班级管理中,必须抓好班容班貌建设、班风学风建设、班级规章制度建设、班干部队伍建设等。在这众多的班级管理活动中,加强班风学风建设处于中心的地位。学校工作,教学是中心,就班级管理工作来说,也必然有一个中心,这个中心是什么呢?是班风学风建设。一个班级,如果班风学风端正,全班同学能够做到争分夺秒,形成良好的竞争氛围,互帮互学,使同学之间形成比、学、赶、帮、超的良性互动局面,那么,班级的正气必然上升,凝聚力也会得以增强,学科教学质量会随之提高。实践告诉我们,一个班级的班风学风如何,在很大程度上取决于班干部队伍建设的成败。一个好的班主任,之所以能带出一个好的班级,从一定意义上说，是因为他具有培养、建设一支德才兼备的班干部队伍的思想意识、能力和水平。作为班主任，只有把好考察选拔关、教育培养关和使用监督关，才能建设一支良好的班干部队伍，才能切实保证各项规章制度的贯彻执行，才能增强班级的凝聚力和向心力，形成好人好事有人夸，坏人坏事有人管，正气得以发扬，邪气受到唾弃的良好氛围。教务处在进行每日教学巡视的过程中，会发现各班学生的学习状态和班级风气，针对各种状况教务处会切乎实际地跟班主任进行沟通，好的现象给予鼓励，不好的情况要提出合理的建议，并提醒班主任要重视班级学生的干部建设，带他们或让他们自己去参观学生干部管理较好的班级，感受班主任小帮手所带来的轻松和好处。

（四）树立合作意识

实践证明，在每个班级中，只要是班主任所带的学科，学生们普遍学得要好些，而其他学科特别是一些小学科如美术、音乐等，学生上课的纪律难以保证，学习效果不够理想都是常见的现象。班主任不是作为一名独立人在实施单纯的教学任务，而是作为教育过程中的一名能动分子存在。教务处应经常性地把各班的学科学习情况反馈给班主任，并要求科任教师积极与班主任交流该班学生的学习状况。班主任应该明白，作为一名合格的班主任，必须树立合作意识。这包括班主任之间的合作，学科教师之间的合作，学生之间的合作，班干部之间的合作，以及相互交叉的合作。成功的教育过程，也就是有效合作教育的过程，唯有这样，才能将各种有益于教育的力量整合在一起，实现培养全面发展的人的目的。

三、班主任与总务处

总务处是学校的后勤管理机构，主要负责学校工程、财产、维修、保障、生活起居等服务性的管理工作。作为一个班级的管理者，班主任在诸多方面都需要与总务处进行协调。

（一）公共财产管理

学校公共财产属于国家财产，管好、用好公共财产是全校师生的共同职责。学期初，学校总务处负责将教室的一切设施配齐，保证完好正常，交付各班级使用，班主任核实并在责任书上签字，其班级财产管理责任由班主任承担。班主任再将管理责任包干到学生个人，实行谁使用谁负责、谁损坏谁赔偿的管理制度。在学期结束时，总务处和班主任需要共同对教室公共财产进行检查，如有损坏，总务处追查班主任的责任，再由班主任追究相应责任人赔偿。班主任对班级财产全面负责，应经常对学生开展爱护公共财产方面的教育，管好班级财产，不损坏公共财产。教室管理按照谁使用谁负责、谁损坏谁赔偿的原则实施，属班级共同使用的财产，由班级师生共同负责，班主任为管理第一责任人。

（二）校园绿化管理

校园的绿化美化是学校环境管理的重要内容之一。校园的绿化与管理工作由全校师生共同参与。每新学年开学前总务处统一划分各班级绿化区域并插牌管理，做到责任到班。班主任积极配合总务处按时完成拔草、平地等各种临时性劳动，保证校园绿化环境的洁净美观。班主任要教育和督促学生爱护校内花草树木，不得在花园里践踏，不乱折树枝、乱摘花草。

（三）食堂管理

为做好学校食堂科学化管理，改善学生伙食质量，提高炊事人员服务意识，班主任应积极配合负责食堂的工作人员，监督并观察本班学生的就餐情况和遵守食堂的管理制度方面的情况。及时处理发现的问题，做好加强食堂卫生和遵守纪律方面的教育。班主任要经常教育学生积极值日，不浪费饭菜，尊重食堂炊事人员。

（四）环境卫生

为保持学校整体环境卫生，总务处会为各班划分卫生包干区。班主任应该教育和督促学生经常打扫包干区，并注意保持包干区的清洁。教室更需要每天打扫，时刻保持整洁。为了预防并控制各种传染病，学校卫生室会统一安排各班消毒工作，并负责检查监督各班执行情况，每学期进行一次学生体检等。班主任应积极配合卫生室的各项工作，做好预防传染病宣传教育工作。

涉及总务处的工作，往往较为琐碎，且需要学生付出一定的体力劳动，所以经常受到学生的排斥或抵制。这就要求班主任耐心而细致地说服教育和身体力行的榜样示范，只有这样才能把方方面面的工作做好。

一方面，以上各科室都是学校的重要职能部门，能够安排和指导班主任的工作；另一方面，这些科室只有在班主任的积极配合下，才能做好本科室的各项工作。反过来，班主任既要听从各科室的指导与安排，又要充分发挥自己的积极性、主动性和创造性，及时向各科室反馈班级工作的具体情况。只有班主任与各科室相互配合、互相支持，才能发挥学校整体育人的功能。

第三节　其他协调实务

一、协调学校管理者与班级的关系

班主任要注意与校方的沟通。每个班级每天都要执行学校的要求，诸如打扫卫生，开展各种各样的活动。在劳动任务的分配上不可能做到绝对的公平合理。况且每个班的人数和学生体质有很大不同。这时，需要班主任及时协调，而不是和学校“讨价还价”。例如，有个班主任所带的是班额最大的班级，是另外某个班级人数的两倍。所以，学校在划分卫生区的时候，就把最艰巨的任务交给了该班。经过数次打扫卫生情况的观察，班主任发现分组不太合适，工具也比较少。大班和小班卫生工具的数量相同，任务却有着很大的不同。这时，一方面需要做好学生的思想工作，另一方面需要给学校提出一些合理的要求，如增加劳动工具等。这样一方面可以比较顺利地完成学校分配的任务，另一方面也培养了学生任劳任怨的思想，做事情不拖拉以及统筹兼顾的好习惯。另外，在和学校方面沟通时要注意适度，学生的问题能自己解决好的就不要向校方汇报，以免增加学校工作压力。

班主任在协调学校领导关系时，要把原则的坚定性与方法的灵活性有机地结合起来。班主任应充分理解学校领导，积极争取学校领导对班主任工作的支持，才能在学校工作和生活中步调一致，建立起良好的上下级关系。班主任要做到经常沟通思想，及时汇报工作；向学校领导提出的要求合情合理又适度；服从领导，积极补台；严格要求自己，出色地完成工作任务。班主任必须勤奋工作，创造性地完成学校领导交办的各项任务，这是班主任协调好同学校领导关系的基础。

协调学校管理者与班级关系时，要注意以下几个方面：树立参与意识，引导学生正确对待全校性活动的过程与结果，弱化重视结果带来的负面效应；在班级利益和学校利益发生冲突时，班主任更应有广阔胸襟，以大局为重，维护学校管理者的权威；同管理者交流，主动听取其对本班工作的意见和建议。

二、协调团队组织与班级的关系

共青团和少先队，是先进青年和少年儿童的群众组织，班级团队组织是班集体的核心力量之一，是班级各项活动的支持者和直接参与者，也是协助班主任搞好班级管理和推动班集体各项活动顺利开展的助手。因此，班主任必须注意发挥团队组织的先锋模范作用，做好团队干部与班干部间的协调工作，在尊重团队组织相对独立的基础上，认真指导和热情帮助团队干部做好工作，开展活动。多参加团队活动，多谈看法，多提建议，巧妙地启发和灵活地引导，充分发挥团队干部的中坚力量和核心作用。这样既有利于团结全体同学形成良好的班风，又有利于培养积极分子，树立正气、巩固班集体。

学校的共青团和少先队有自己的组织系统，对他们的工作，班主任有责任帮助、指导，但不是妄加干涉，影响他们的正常活动。班主任与团队组织是帮助和配合的关系。因为它的成员是学生，其活动主要是以班级团支部为单位开展的，所以它很有必要得到班主任的关心和大力协助。

班主任要协调好学校团队组织的工作，务必与学校团队组织取得联系，切实地了解他们的工作目的要求、工作计划和工作方案等。然后，协助班级团队支部制订出周密的切实可行又有激励意义的工作计划，并在计划贯彻实施的过程中作系列指导工作，帮助其协调检查，为之创造条件使计划顺利完成，达到预期目的。同时班主任更应为班级团队组织出谋献策，当好“顾问”、“参谋”。帮助班级团队支部“吃透”两头：一头是上级学校团队组织的有关指令和意图；另一头是团队支部内与班内学生的思想和学习的实际状况。如某些同学爱国意识淡薄，有的同学集体观念较差，有的同学缺乏助人为乐的精神……问题众多繁杂，要纠正这些不良的思想行为，单靠班、团队干部去做工作是远远不够的，还要靠班主任耐心引导、教育，帮助他们树立远大理想，激发他们的爱党、爱祖国、爱家乡、爱人民、爱集体、爱劳动的高尚情操。

班主任协调学校团队组织工作，应当从小处着手，从班级团队支部着手，积极参与团队支部的有关活动，以便了解情况，在工作上进行具体的指导帮助。例如，一些学校团队组织各班开展志愿者活动，为了贯彻落实上级指示，班主任首先要调动班级团队支部具体组织班级同学，让团队支部制订切实可行的方案，以便全面而实际地了解情况。班主任应全面考虑，对于组织工作中的难点更应进行协调解决，在整个组织工作中，班主任要做到“当局者清、旁观者也清”。团队支部要开展工作，必须要依靠学生干部，而学生干部毕竟阅历不深、经验不足，在开展工作中必然遇到不少困难，甚至会出现差错，这就需要班主任的爱护、理解、帮助和指导。

班主任协助学校团队组织工作，需注意做好发展新团员的工作。班主任最了解班内学生的情况，应当为团队组织物色、推荐积极分子，把培养学生与向团队组织推荐积极分子和发展新团员有机地结合起来，成为促进青年学生一步一步前进的系列教育工作。

班主任协助学校团队组织的工作，还可以从帮助团队干部提高思想政治水平和工作能力等方面入手。学生中一般存在“青年看团员、团员看团干”的心理倾向，团干部经常在广大团员和其他学生的监督下工作、学习和劳动，要使团组织干部成为班级的骨干。所以，提高团干部的思想和工作水平是提高团队活动效果的关键。校团组织的领导机构一般较小，领导人员较少，因此，培养团干部的工作，更多落在各班班主任的肩上。为此，班主任就要通过团队活动实践和检查工作等环节，有意识地帮助团干部，使他们逐步提高工作能力，以适应团工作发展的需要，成为学校团队组织的得力助手和学生领导力量。

学校团队组织的最基层组织是班级的团队支部，而班级团支部干部是由团员选举产生的。在某些情况下，班级团队支部和本班班委难免在思想上、工作上发生冲突。这时必须由班主任从中调解，妥善处理。班主任既要充分发挥两者各自的作用，又要指导他们处理好相互关系。既要照顾到本班同学的利益，又尊重团队支部，做到两全其美。因此，班主任就要定期召开团干部和班干部联系会或碰头会，协调彼此的工作，搞好团结。要经常组织团干部和班干部联合开展活动，增强团员与非团员之间的友谊。

总之，班主任应该当好团队组织的"参谋"，灵活地协调团队组织工作，做到协调一致，相互促进。

三、协调本班级与平行班级的关系

班级与班级之间，既存在着友好合作，又存在着激烈的竞争。特别是本班与平行兄弟班级的关系，更是班级工作中不容回避，也是比较棘手的问题，如教学问题、学生活动问题、不同班级间学生的矛盾摩擦问题等。平行班级之间往往存在着各种不良竞争，这种行为在各种考试中、各项比赛中、各种评选中表现得尤为明显，有的甚至演化为恶性的竞争，导致班级之间关系的疏远、紧张，这给整个学校的工作带来负面影响。作为班级利益的代表人——班主任之间往往也因此存在着利益的冲突，有的采取不参与、不合作的消极方式来表达自己的不满，有的甚至进行恶意的诽谤，出现不和谐的现象。因此，协调本班级与平行班级的关系是班主任的一项重要工作。

要扮好这种协调者角色，应该做到：首先，班主任自身要调适心态，明白自己承担的多重角色，不能求一舍多；其次，遇到本班学生与平行班学生有摩擦，善于"置身度外"，如果给学生一种亲疏有别的感受，就更不利于问题的解决、矛盾的弱化，也容易使本班学生滋生依赖思想；再次，坚持民主、平等、公平的原则；最后，学会心理疏导，及时化解学生的思想疙瘩，不能以恶治恶。

作为一个班主任，要善于"一碗水端平"，有意识、有原则地处理这些关系，不分亲疏，不偏不倚。要做到不偏袒本班学生，不恶意贬低平行班级的学生。还要经常教育学生,尊重所有的老师,不能眼里只有自己的班主任。班级之间要合作,就要求班主任做好学生的工作,教育学生以大局为重。

除了要借助学校的调节和处理外,班主任更应主动地相互接触、相互交流,本着“有理、有利、有节”的原则处理班级与班级之间的关系,要相互理解宽容。对于出现的隔阂,可以通过“班级互帮互助”和“班级联谊”的方式化解恩怨,增进了解,同学间关系融洽了,班主任之间的关系也自然好处理,这样整个学校工作才能齐头并进,学生才有一个良好的学习氛围。

第七章　与学生家长沟通实务

第一节　家长工作与班级管理

家长在孩子(学生)的成长过程中起着举足轻重的作用,是班级管理的重要力量。做好家长工作,对于管理好班级、构建和谐的师生关系、形成积极向上的班级氛围具有十分重要的意义。

一、家长与学生的健康成长

家庭教育作为整个教育的有机组成部分,是学校教育的基础和补充。它对于下一代的健康成长、家庭的兴衰、社会的安定、民族的发展具有重要意义。

(一)家庭教育是影响社会主义精神文明建设的重要因素

家庭是社会的细胞,抚养教育子女是家庭的基本社会职能。家庭教育是在一定的政治、经济条件下产生的,必然带有一个时代政治、经济的特点。家庭教育既受制于经济社会的发展,又对经济社会的发展起着重要的作用。一个人出生后先生活在一定的家庭中,再逐步进入更广泛的社会生活领域。家庭教育效果如何,直接影响社会风气、影响国家的精神文明建设。因此,能否充分发挥家庭的教育职能,不仅关系着子女的成长、家庭的兴衰,而且影响着社会的安定和民族的发展。社会主义现代化建设,要求我们既要建设高度的物质文明,又要保证高度的精神文明。儿童青少年时期是一个人精神成长的关键时期,家庭教育对他们的精神面貌起着非常重要的作用。如果每个儿童、青少年都能够受到良好的家庭教育，成长为社会主义现代化建设的有用人才，就必然从整体上促进良好社会风气的形成，推进社会主义精神文明建设的进程。

（二）家庭教育是学校教育的基础和补充

首先，从子女的成长来看，家庭教育起着奠基作用。家庭是个人成长的摇篮。现代心理学研究证明，儿童三岁左右是其智力发展的关键时期，这个时期的教育，将会影响其一生，而此时儿童所受到的教育主要是家庭教育。学龄初期、中期的学生具有较大的可塑性，他们与父母之间所固有的血缘关系、情感关系、经济关系，使他们在心理上、生活上对家庭具有极大的依赖性。父母的言谈举止、兴趣爱好、个性特征时时刻刻都影响着子女的成长，也正是家庭给予的影响和教育，成了儿童形成良好个性的基础。

其次，从学校与家庭的关系来看，家庭教育是学校教育的必要补充。儿童从入学以后，就接受着学校有目的的系统教育，学校对儿童的成长起主导作用，但他们的成长仍然离不开家庭教育。就教育关系来说，家长和子女之间所固有的血缘关系，较之学校教育的师生关系更富有感情色彩。从时间上看，走读式学校是我国中小学教育的主要形式，学生接触家长的时间不亚于接触学校教师的时间，因而，父母的教育仍经常起作用。正是这些特点决定了家庭教育仍然是学校教育的必要补充。

可见，虽然学校是专门的教育机构，在培养人才方面起着主导作用，但学校教育离不开家庭的支持、协作与配合。

（三）家庭教育是青少年儿童健康成长的必要保证

一方面，家庭教育为青少年儿童的健康成长奠定基础。从孩子出生开始，父母就开始着手对孩子进行全方位的教育。从呱呱坠地开始，孩子在家长的引领下一步步向前发展，其中既包括健康卫生教育、基本知识与能力教育、基础道德伦理教育，还包括最基础的审美教育、劳动技术教育。没有父母的艰辛付出，没有良好的家庭教育基础，就谈不上青少年儿童的健康成长。

另一方面，家庭教育为青少年儿童健康成长的持续提供各种条件。

无论是身体的健康成长、智力的发展成熟，还是道德品质的不断提高、审美能力的增强和劳动技能的增长，都需要一定的条件保障，其中既有物质的保障，也有精神的支持。在物质条件基本能够得到保障、全面建设社会主义小康社会的今天，家庭教育在提供精神支持方面显得尤为重要。由于家庭是青少年儿童的第一成长场所，它所提供的心理安全感是任何其他场所和群体根本无法替代的。

从以上两个方面来看，重视家庭教育，提高家庭教育的质量，是青少年身心健康的必要保证。

二、家长与班级管理

家庭教育是学校教育的基础和必要补充，离开家庭与学校教育的一致性配合，学校的教育活动很难取得实质性成果。而实际上，虽然教师和学生家长在教育学生方面目标一致、方向相同，但是二者在教育方法、方式上，甚至内容上都会出现差别。因此，班主任必须积极联系家长，与家长在教育观念和方法上达成共识，使他们积极配合学校教育学生，形成家庭和学校的教育合力。

班主任进行家长工作的主要内容是：经常和家长联系，一方面向家长宣传党的教育方针、学校的教育思想和教育措施，向家长介绍班级和学生的情况、班级教育目标、活动计划和需要家庭做好的配合工作；另一方面了解学生在家庭的表现，了解学生家长的教育方法、教育观念及其对学生产生的影响，为家长答疑解惑，增进理解，向家长讲解家庭教育的知识，引导家长掌握正确的家庭教育方法和技能技巧，向家长提出教育子女的具体要求，避免家庭教育的随意性和盲目性。

家长通过两种方式影响班级管理：一是通过家长会等方式直接参与班级管理；二是通过影响孩子（学生）从而间接影响班级管理。第一种方式将在本章第二节介绍，这里先介绍第二种方式。家长是孩子最经常接触的重要人员，他们的人生态度、价值观念时刻影响着孩子的观念和态度。不仅如此，家长对教师的态度、对孩子教育问题的重视程度，都深深地影响着孩子对学校、对班级的看法。一些家长经常支持学校和班级工作，尽力减少班主任和学校的工作阻力；还有一些家长动辄指责学校和班主任，给学校和班级工作带来很大的消极影响。所以说，家长是班级管理的重要力量。

三、与家长沟通的原则

（一）尊重理解，公平公正

1. 尊重家长

班主任与家长谈话时要面带微笑，微笑的魅力是无穷的，它就像巨大的磁场吸引磁铁一样让人无法拒绝。不能一见面就告状，埋怨数落家长，要善于倾听。不少班主任约见家长时，说得多听得少，只顾自己痛快，狠狠一通数落，发泄情绪，结果，使家长产生逆反心理，与教师对着干。事实上，我们能够从家长身上得到大量信息，也能从家长的厚望中激起从事教育事业的崇高感和责任心。很多家长能从老师身上汲取教育的智慧，为教师的敬业精神所感动。在沟通时，说到孩子的话题一定要注意用词，要让家长在沟通中看到老师对孩子的关爱，看到希望。在指出学生错误时，顾及家长的面子，尊重家长的感受，这样才有利于教师和家长形成合力，共同完成对学生的教育。

2. 理解家长

家长对于孩子的爱源于骨肉亲情，是稀释不了的情感。这种爱无怨无悔，不求回报。随着孩子年龄的增长，这种爱变成对孩子的殷切期望，因而"望子成龙，望女成凤"者比比皆是。孩子的学业、品性等成了家长关注的主要内容。"伟人终少，凡人如沙"，个个成龙成凤是不可能的，当孩子某些方面表现出缺陷或犯下错误时，那种"恨铁不成钢"的心情是可想而知的。这时大部分家长会求助于老师，希望老师能为其出谋划策。作为老师，这种情况下很难找到立竿见影的方法，但也不能袖手旁观，或泼以冷水，教师应意识到这是家长对自己的信任，应该给家长以理解，使其如遇知音，有了支持、依靠，从而使家长重拾希望，鼓起教育孩子的信心和热情。

3. 公平公正

由于每位学生的家庭背景和环境不同，教师不能人为地把学生和家长分成“三六九等”。特别是碰到学生问题且涉及双方家长，教师在接待家长时绝不能带着世俗的功利色彩，以貌取人、以权度人、以财量人。教师应一碗水端平，亲切热情、礼貌待人、是非分明。平等公正地处理问题，不仅能使问题得以顺利、愉悦地解决，也能拉近教师与家长的距离，有利于教育学生，也能提升自己在家长心目中的形象，从而使教师、学校具有广泛而积极的社会影响。

(二)知己知彼、双向交流

1. 知己知彼

父母是孩子的第一任教师，也是孩子的终身教师。一个学生在什么样的家庭环境中成长，对他来讲十分重要。了解学生家庭情况，搞清楚学生父母年龄、职业、文化程度、家庭结构等，是班主任与家长沟通的前提，有助于班主任与家长沟通时对症下药，采取针对性的措施。有的学生平时很听话，但与同学发生小冲突就会出手很重；有的平时虽然很调皮，小事不断，但每次找他谈话时，态度还是很诚恳，主动认错、改错；有的个性强硬，有错罚他，他也不改。面对如此种种学生，需要与家长加强沟通，了解学生的家庭情况和环境。对学生家庭的了解多了，就更能理解学生和家长，至少家长都是重视孩子的学习的，那么我们就有沟通的机会和希望。

2. 双向交流

家长作为孩子的启蒙教师，对自己孩子的性格特点、志趣爱好了如指掌，而且，学生也会把学校情况反馈给家长。因此，家长可能掌握着比教师还要深入、细致、具体的有关学生的情况。随着社会的进步，现在很多学生家长世面见得多，很有自己的个性和特色。教师要做到虚心听取，才能使家长“知无不言，言无不尽”。比如发张“告家长书”，就能征求到很多学生家长的意见，或者个别情况与家长个别交流，会让家长觉得班主任比较民主、诚实、可信，有利于班主任和家长的联系沟通。家长对学校教育教学工作的意见和合理建议我们应及时采纳。

有些班主任，喜欢拿“请家长”这个利器吓唬学生。有的班主任，认为人家的孩子捏在自己的掌心，对待家长比较傲慢，数落他孩子的不是，振振有词，只强调这是家长的过错，是学生的过错，完全忘掉了班主任的职责是教育好每个学生。家长有气，只能憋在心里，回家拿孩子出气。学生在家挨了打骂，会造成什么后果呢？学生会恨老师："就是你害我的。"当一个学生恨一个老师时，老师对他的教育已经不起作用了。有的家长，当面对着老师赔着笑脸，一出校门就骂街。这样的家长，在家里，当着孩子的面会说老师没有水平，骂老师，护自己的孩子。这些话，让学生听了，会产生非常严重的负效应。我们教育工作者，追求教育的合力效应，需要家长的密切配合。可是，班主任的一句话不注意，就会导致其辛勤劳动付诸东流。有的老师，累得要死，所教的学生，越教越难教，越教越烦心，我们是不是该反省自己的教育方法呢？有位家长，因为他的儿子调皮被老师请到学校。回到家后，当着儿子的面，发了一顿牢骚，说某某老师一点水平都没有……而学生很可能 因此再也不愿听"没有水平的老师"教育了。作为家长，不会意识到自己无意之中说的话，会对孩子产生这么大的负面影响。作为班主任，作为教育工作者，我们不能不深思，不能不预防，不到万不得已，一般不要搬动家长这座大山。假如家长来了，我们态度一定要谦虚、和蔼、谨慎，讲话时，推心置腹，评价他的孩子，客观公正：先提优点，再指出不足。为家长教育孩子支招，绝不能制造不愉快的因素，人为地制造家长与老师之间的隔阂。与家长沟通好了，也就铺平了今后成功教育学生的道路，对改变孩子在成长过程中的不良态势极为有利。家长配合教育会使班主任工作越来越得心应手。所以，老师尤其是班主任，在自己的工作中应不断反思，克服工作中的缺点，积累并利用自己工作之中的成功经验。

(三)积极鼓励、慎用批评

1. 积极鼓励

家长也是需要鼓励的，鼓励了家长，使其对自己孩子的未来有了信心，同时也鼓励了孩子。

2. 慎用批评

许多教师是爱学生的，但往往"恨铁不成钢"，说话的时候不选择用词，有的时候说出来的话很伤害家长的自尊心。"如果你想得到一个人的认同和好感就夸他的孩子吧；如果你想最大可能地伤害一个人，使你们的关系中止就责骂他的孩子吧。”一句直白的话揭示了班主任与家长交往的原则。

（四）因人而异，区别对待

学生来自不同的家庭，每个家长的文化水平、素质、修养不同，各个家长对学校教育的配合程度自然存在很大的差异性，有时甚至会遇到一些粗暴无礼的家长。因此，对于不同的家长，应采取不同的沟通方法。

1. 与护短型家长沟通

此类家长包庇孩子，忽视孩子的缺点，纵容孩子的不良行为，不管教孩子甚至不让别人管教自己的孩子。一些家长一听到别人说自己孩子的缺点就不高兴，而且往往缺乏理智的判断，自觉不自觉地存在着护短现象。这类家长一心只想着自己的孩子的好处与优点，不管老师及其他人对其孩子的评价，姑息孩子的错误。班主任指出孩子的缺点，家长找理由为孩子开脱，设法为孩子“辩护”，甚至把责任揽在自己身上。对于这类家长，在谈话过程中，应注意以下几点：首先肯定孩子的优点，并不时把孩子在学校的良好表现告诉家长，让家长有面子，为进一步沟通做准备。在你对孩子的肯定得到家长的赞同后，家长可能会对你的想法与建议予以认同，这时再选择适当的时间、地点指出孩子的一些不良习惯或缺点，并在沟通时多耐心听取家长的意见，同时也提出一些好的教育建议。

2. 与放任型家长的沟通

放任型家长什么都依着孩子，孩子想干什么就干什么，家长基本满足孩子的一切要求。与这类家长沟通往往也比较困难。有些家长，当老师和他们谈话，指出孩子存在的问题时，他们当面可能满口应承，事后一切照旧，对孩子存在的问题不闻不问。对于这种情况，作为班主任必须具有一定的沟通技巧。首先，要让家长明白家庭教育对孩子成长的重大意义，使家长对孩子的教育有足够的重视。其次，要对孩子有一个全面客观的认识，在和家长沟通时，就显得有话可说，有理有据。对于孩子存在的问题分析得越透彻，就越可能打动家长，使家长认识到老师的一片苦心，也就能更好地配合班主任展开教学工作。

3. 与配合型家长的沟通

这类家长对孩子比较关心，也比较明事理。与此类型家长沟通比较容易，只要你说得有理有据，给家长一些好的建议，家长一般都会积极配合。这些家长一般来讲比较注重对孩子的教育，他们观察自己孩子的表现通常比老师还要深入、细致、具体，作为班主任应虚心听取他们的建议，如实向家长反映情况，主动请他们先提出教育的措施和处理的意见，认真倾听。当然，班主任在听取家长意见的同时还要具有自己的判断力，要冷静地分析。每个班级都会有这样的一批家长，他们有较高的知识、修养，在教育孩子方面有独到的见解，与这类学生家长交谈后通常都能达到预期的效果。

4. 与溺爱型家长的沟通

溺爱型的家长更希望听到班主任对自己孩子的肯定。要充分尊重学生家长的感情，肯定家长热爱子女的正确性，这样家长才会从心理上接受班主任。同时，也要用恳切的语言向家长反映情况，指出学生存在的问题。对于这样的家长，班主任要在肯定中提出要求，在要求中透着婉转。班主任的主要目的是要家长全面地了解孩子，从而主动地与班主任共同商讨教育孩子的方法，主动配合学校的教育工作。溺爱型家长过于关心孩子，一切事情都为学生安排好，并且认为孩子什么都是好的。与这一类型的家长进行沟通，就必须首先让家长明白，你也是关心学生、为学生着想的。其次，要心平气和地跟家长解释：望子成龙是每个家长的心愿，但孩子毕竟是孩子，身心处于发展的阶段，心理尚不完善、成熟，他们辨别是非的能力比较差，对自己的行为又缺乏控制，很容易犯错。如果父母不能正确看待对孩子的教育，教育不当，孩子难免会存在这样那样的缺点、问题。

（五）注意沟通方式和技巧

与家长沟通要讲究语言的艺术，要深入浅出，将大道理说小。学生来自不同的家庭，每个家长的文化水平、素质、教养不同，难免会遇到一些“护短”的粗鲁的家长，那就必须讲究语言的艺术。“沟通无限”，方法不拘一格。班主任应重视与学生家长的沟通，更要讲究语言的艺术。

与家长沟通要选择适当的时机和地点。与家长沟通,应先间接地向学生了解其家中的情况,以便决定如何与家长交谈。家长有时会因孩子在校的一点小事而喋喋不休,追问不停。班主任要时刻保持亲切的态度去面对他们,体谅做父母的心情,要善于倾听,以一个教师特有的耐心去面对他们,通过换位思考去了解他们,使他们相信自己有能力、有信心把他们的孩子教育好。学生来自不同的家庭,每个家长的文化水平、素质、教养不同,难免会遇到一些"刁难"的家长,那就必须讲究语言的艺术,所以班主任应该在家长心平气和的情况下,在实事求是的基础上,用征求意见的态度,与家长共同研究解决问题的办法。

1. 要坦诚相待,不要盛气凌人

班主任和学生家长,从工作关系上讲,地位是平等的,都是学生的教育者;目标是一致的,都想培养好学生。所以说话态度要谦和,语言要文明。班主任对学生要怀有一片赤诚之心,要为学生成长而忧,为学生进步而急,与家长谈话时坦诚相见,推心置腹,给人可近、可亲的感觉。这样家长才会敞开心扉,才能赢得家长和学生的尊重和信赖,才能"亲其师,信其道"。上门时不要盛气凌人,好像自己是来传"圣旨"的"钦差",家长只是洗耳恭听的"臣民",自己说一不二,家长必要的申诉一概不睬,好像这样才能保持"严师"的尊严。其实,适得其反,这样会给家长留下主观武断、心理素质不佳的印象。

2. 要实话实说,不要"添油加醋"

班主任找家长谈话,多半是学生出了问题。班主任要反思自己工作中的不足和失误,切不可当着家长的面,数落学生的过失,更不能不调查实情,而"添油加醋",将"恨铁不成钢"的怨气转嫁给家长。要就事论事、实事求是地指出过失,并向家长提供合理的教育建议。

3. 要有自知之明,不要炫耀自己

班主任要有自知之明,实事求是地评价自己,才能给人谦虚、诚实的形象,即使工作中有不足之处,家长也能体谅。不要炫耀自己,"你的孩子连校长都不怕,就怕我这个班主任","他想什么坏主意,我一看就知道",等。这样,家长会想,你如此神通广大,何必找家长;你未卜先知,何必调查研究。班主任的形象会大打折扣,给后续工作制造阻力。

4. 要褒奖教师，不要推卸责任

班主任与家长沟通，同时肩负着沟通家长和全体科任教师关系的任务，要力求褒奖科任老师的工作精神和教学水平。对教学能力强、知名度高的老师要着重宣传他们的教学成果，对经验不足的新教师，着重介绍他们的工作热情和上进心，使家长充满信心和希望。不要说某门功课不好就是科任教师的责任，发生某件不愉快的事，又是某老师的错等，转嫁责任会使家长认为教师之间不团结，师资力量不强，降低对学校的信任。

5. 要胸有成竹，不要随意发挥

班主任家访前，对每个学生的性格、品行、爱好、学习方法、学习成绩要胸有成竹，这样既能表现出你对他孩子的关心和了解，又可以掌握讲话的主动权，与家长产生语言共鸣，使他产生仰慕之情。否则胸中无数，随意发挥，说话模棱两可，使家长捉摸不透。几次家访也不"接轨"，出尔反尔，自相矛盾，使家长觉得班主任无主见、工作责任心差。

6. 要一分为二，不要以偏概全

"金无足赤，人无完人"，再好的学生也有不足之处，再差的学生也有闪光点。对一个学生的评价要一分为二，不要以点代面。把自己喜欢的学生说成一朵花，没有一点瑕疵，会使家长过分宠爱孩子，放松对孩子必要的管教；把某方面较差的学生说得浑身毛病，毫无可取之处，会使家长对孩子丧失信心，放任自流或导致棍棒教育，增加孩子的逆反心理和敌视情绪。显然这样的沟通语言是失败的。

7. 要留有余地，不要把话说死

学生的可塑性很强，对他们的评价要留有余地，不能把话说死。不要轻易说"你的孩子将来考上好大学绝对没有问题"，也不要轻易断言某个学生"肯定不会升入高一级学校"，更不能说"你的孩子已无法教育"。要用发展的眼光看问题，学会讲"只要……你的孩子就会……"，要用热情感人的语言，促使家长满怀信心地进一步配合班主任教育好孩子。

总的来说，班主任在与家长联系时，要"多报喜，巧报忧"，保持学校和家庭在教育问题上的一致性和协调性，这样就能很好地解决一些难题，达到事半功倍的效果。

第二节　与家长集体沟通实务

一、家长会

（一）家长会的重要意义

家长会是学校或班主任主持召开的全体学生家长集体会议，主要内容是宣传学校的教育思想、教改计划和措施，介绍成功的家庭教育方法，汇报学生的学习成绩、思想状况，明确学生的收费开支、学校对家长的某些要求等。班主任还可以在家长会上邀请家长参与班级管理，做学生的业余辅导员，组织一些有特长的家长给学生作报告等。

家长会是学校与家长进行沟通与交流的重要形式，开好家长会是家长与学校共同教育学生的一个重要的环节。通过家长会，家长可以更充分地了解老师的人格魅力，懂得管理学生的重要性，明白如何管理等；老师可以更好地了解学生的家庭背景，拉近家长与老师、班级的距离，为融洽的家校合作关系奠定良好的基础。

（二）如何开好家长会

要开好家长会，班主任应从以下几方面做起。

1. 充分准备、精心组织

要办好家长学校、开好家长会，班主任必须做充分的准备和精心的组织。从时间上来看，应该充分考虑大多数家长的工作时间。家长会的次数应该适中，不能太多或太少。太多了，家长不胜其烦，且意义不大；太少了，就起不到应有的作用。从场地上来看，家长会一般选择在学生上课的教室。如果是学生和家长同时参加的家长会，那就应该考虑教室空间是否足够大，也可以考虑选择会议室或其他空阔场地。从内容上来看，一定要是家长关心的话题，而不仅仅是学校和老师感兴趣的内容。需要给家长看的材料，一定要提前准备好，或让学生提前带给家长。此外，还需要考虑天气因素等。

首次家长会尤其需要做好充分的准备。这种准备包括内容上的、心理上的准备，挺直腰板，抬起头，面带微笑，十分自信地走进教室与家长见面。说话时思路清晰，语言流畅，侃侃而谈，在家长面前树立良好的形象和威信。多讲一些教育孩子的方法，少一些指责，力求家校教育的统一。

家长会最忌讳的就是班主任不做任何准备，只是为了完成学校布置的任务。这样的家长会自然目的不明确、内容不充实，家长到会后只能听到一些模棱两可的回答，了解一些常识性内容，起不到家长会应有的作用。这样的家长会次数稍多，家长就会觉得班主任没有工作积极性和责任心，以后参加家长会的热情会极大程度地下降。班主任的权威也会因此大大降低。

2. 充分理解、尊重家长

首先，必须欢迎家长光临，这是对班主任工作的支持。其次，要理解家长的心情，尤其是差生家长的心情，所以在家长会上应尽可能以表扬为主，把班级中好的一方面予以展示，给予表扬。对班级工作出色的、考试中成绩突出的、进步明显的、运动会上表现突出的……均要予以表扬，让家长有自豪感，有成功的喜悦。同时委婉地指出存在的问题，提出一些改变孩子缺点的良好建议。班主任在与家长沟通中，还要尊重家长的人格，注意态度和蔼，言谈亲切，让他们感受到教师对于孩子的关爱和负责。要以诚相待，千万不要让家长在学校感到拘谨甚至反感，特别是后进学生家长，在家长会上要掌握说话分寸，不要伤害到他们及他们的孩子。有些问题突出的，班主任老师可在会后作个别交流。“孩子是家长的心头肉”，班主任如能掌握好家长的心理，运用心理辅导的方法做好家长工作，一定会收到良好的效果。

班主任切忌“居高临下”，责备家长。一些班主任误把“家长会”当做“批判会”，当着众多家长的面直接点名批评学习差一些或习惯差一些的孩子的家长，然后再点名表扬优秀学生的家长。俗话说：树活一张皮，人活一张脸。同样在一个教室里开会，一些家长却因为孩子的“不行”在众多家长面前遭责，这就会导致许多家长害怕开家长会，拒绝参加家长会，甚至导致家校合作的通道关闭。

3. 实事求是，让家长信服

一开家长会就列举学生的缺点，弄得家长不爱听；回避问题，只说“好听的”，只列举成绩，家长也并不认可。长此以往，家长对教师在家长会上的话，信也不是，不信也不是。事实证明，实事求是的汇报和客观的评价，家长是欢迎的。家长满怀希望来到学校，更想了解孩子在班内的一系列表现。他们参加家长会就是想了解学生在校的真实表现和真实成绩，以及学校老师的要求。事实还证明，这样的家长会往往会收到预期的效果。

我们经常会听到家长说：现在的书很难读，我们又不懂，也不知道他是否已完成作业之类的苦恼。我们作为教师应理解他们的苦恼。在家长会上我们有责任教给家长一些方法：如采用备忘录——家校作业联系反馈卡，只要求家长督促子女及时完成作业。至于作业的正确率，这是老师的事。这样既解决了家长的后顾之忧，也帮助老师督促学生及时完成作业。教师需要的是要求家长能够协助我们使学生养成良好的学习习惯，改变在学习过程中的盲目性、无计划性，克服随意、懒散等不良的学习习惯。

除了传统的现场召开家长会以外，班主任还可以利用信息技术手段，举行网络家长会，包括QQ群、博客等。网络家长会虽然受技术设备的限制，但是它不受场地、气候等条件的限制，无须家长亲临现场，为现代家长提供参与上的方便。此外，网络家长会可以让家长和老师之间更方便地双向及多向交流。

二、家长委员会

2012年2月17日，教育部发布《教育部关于建立中小学幼儿园家长委员会的指导意见》，为当前和今后一段时期内做好家长委员会的工作提供了重要的依据。根据各校实际情况不同，既可以有学校层面的家长委员会，也可以有班级层面的家长委员会。家长委员会对班级管理具有重要的意义，班主任必须重视家长委员会的工作。

(一)家长委员会的重要意义

建立家长委员会，对于发挥家长作用，促进家校合作，优化育人环境，建设现代学校制度,具有重要意义。

1. 有利于家长参与学校、班级工作

家长参与学校和班级工作有很多方式,家长委员会是其中一种重要的方式。它是由家长代表组成的一个正式机构,具有一定的组织性和纪律性,具有一定的规章制度,能够经常与学校、班级保持密切联系。它是构建学校、家庭、社会密切配合的育人体系的重大举措,是发挥家长在教育改革发展中积极作用的有效途径。

2. 有利于构建现代学校制度

构建现代学校制度是现代教育的发展趋势,是《国家中长期教育改革和发展规划纲要(2010—2020年)》的重要内容。家长委员会是依法办学、自主管理、民主监督、社会参与的现代学校制度的重要内容。不断完善家长委员会这一重要形式,对于构建现代学校制度具有十分重要的意义。

3. 有利于办好人民满意的教育

从根本上来说,教育是一种服务事业。教育事业办得如何,必须看它服务对象的满意度。教育事业不仅直接服务于学生,也间接服务于家长。学生和家长的高度满意都应该是教育事业应该追求的目标。长期以来,我国家长对学校的满意度较低。除了其他各种原因之外,家长对学校活动的参与度低是一个非常重要的原因。许多家长感觉自己完全是听命于学校和班主任的被动对象,只有承担不完的义务,却没有享受到一点权利。要想不断提高教育质量,提升家长对学校和班级的满意度,就必须扩大家长对学校和班级事务的参与度。家长委员会是家长集体参与学校事务的一种非常有效的方式,因而有利于办好人民满意的教育。

(二)家长委员会的职责和作用

1. 参与学校和班级管理

对学校和班级的工作计划、重要决策,特别是事关学生和家长切身利益的事项,家长委员会有权利也有义务提出意见和建议。对学校和班级管理工作,家长委员会应该予以支持、积极配合。家长委员会还应该反映学生和家长的利益诉求,代为转达校方,并与校方展开对话、协商。

2. 参与教育教学工作

发挥家长的专业优势，为学校教育教学活动提供支持。发挥家长的资源优势，为学生开展校外活动提供教育资源和志愿服务。发挥家长自我教育的优势，交流宣传正确的教育理念和科学的教育方法。与学校共同做好德育工作。要及时与学校沟通学生思想状况和班集体情况，经常向家长了解学生在家庭的表现和对学校、教师的看法，与学校和教师一起肯定和表扬学生的进步，解决和化解学生遇到的困难和烦恼，做好思想工作。经常通过家长了解学生所在班级的情况，及时发现班集体风气和同学之间关系存在的问题，推动形成积极向上、温暖和谐、互助友爱的班集体。协助学校开展安全和健康教育。引导家长履行监护人责任，配合学校提高学生安全意识和自护能力，支持学校开展体育运动和社会实践活动。对学校的安全工作进行监督，与学校共同做好学生安全保障工作，避免发生伤害事故。

3. 促进学校与家庭的相互理解和支持

向家长通报学校近期的重要工作和准备采取的重要举措，听取并转达家长对学校工作的意见和建议。向学校及时反映家长的意愿，听取并转达学校对家长的希望和要求，促进学校和家庭的相互理解。支持和推动减轻学生课业负担。引导家长积极支持教育部门和学校采取的减轻中小学生课业负担的各项措施，监督学校的课业负担情况，及时向学校提出意见和改进的建议，与学校共同推进素质教育。营造良好的家校关系。把学校准备采取和正在实施的教育教学改革措施，向家长做出入情入理的解释和说明，争取家长的理解和支持。及时向学校反映家长对学校工作的疑问，帮助学校了解情况、改进工作。多做化解矛盾的工作，把可能出现的问题解决在萌芽状态。

（三）如何组建家长委员会

家长委员会成员应具有正确教育观念，掌握科学的教育方法，热心学校教育工作，富有奉献精神，有一定的组织管理和协调能力，善于听取意见，办事公道，责任心强，能赢得广大家长的信赖。家长委员会的成员应是来自社会各阶层懂教育、甘愿奉献、教子有方的家长。

学校和班级组织家长按照一定的民主程序，本着公正、公平、公开的原则，在自愿的基础上，选举出能代表全体家长意愿的在校学生家长组成家长委员会。特别要选好家长委员会的牵头人。家长委员会最好不要谁官大，担任的职务就大，也不应是谁给学校捐的钱物多谁就职务大，这样会给孩子带来不好的导向。应把那些优秀孩子的家长推到家长委员会担任职务；那些并不富裕，却能培养出全面发展的孩子的优秀家长，更应担任家长委员会的重要职务，这样才能起到激励学生和其他家长的作用。

组建家长委员会应注意避免以下情况。第一是流于形式。一些学校的家长委员会更多的只是局限于形式和造势方面，并不能真正地发挥实质作用。更有甚者，有的家长委员会沦为学校乱收费、乱补课的“傀儡”。第二是选举拼关系。一些在学校家长委员会中担任正副职位以及理事等的家长，绝大多数都是官员、干部、老板等，而没有工作、没有身份、没有背景的“三无家长”鲜在其列。

三、家长学校

就目前我国实际情况来看，举办家长学校主要是学校层面的事情，班主任在家长学校的举办过程中，起到重要的协调和组织作用。因此，了解和掌握家长学校这一重要的家校合作的方式，对于班主任从事班级管理具有十分重要的意义。

（一）家长学校的重要意义

家长学校是学生家长、监护人自愿参加的提高家庭教育水平的群众性业余教育机构；是宣传正确教育思想，普及家庭教育科学知识的良好场所；是托儿所、幼儿园、中小学及社区开展家长工作和公民素质教育的有效渠道；是将学校、家庭、社会教育相结合，对青少年及儿童进行教育，促进社会主义精神文明建设的重要阵地。家长学校面向城乡0～18岁儿童及青少年的家长，主要是学生的父母或其他法定监护人。

家长学校是指导家庭教育的主渠道，是密切学校与家庭联系的桥梁。办好家长学校对于帮助家长提高教育理论修养、改进家庭教育方法具有重要和积极的促进作用，也是深化教育改革、全面推进素质教育，形成学校、家庭、社会共同参与教育工作新格局的有效途径和重要环节。只有加强科学管理，努力办好家长学校，提高家庭教育水平，促进家校联系，广开社会育人渠道，积极构建家庭、学校、社会一体化的教育体系，才能全面推进素质教育，培养德才兼备的跨世纪社会主义事业建设者和接班人。

家长学校的任务是：向广大家长宣传党和国家的教育方针、政策和法规；帮助家长树立正确的家庭教育思想和观念，掌握科学的教育方法和技能；向家长介绍不同年龄儿童及青少年生理、心理发展特点及营养常识、教育方法；指导家长为儿童及青少年身心健康发展创造良好的家庭环境；加强家庭与所在社区、学校、幼儿园、托儿所等教育组织的联系；为社区的社会主义精神文明建设做出贡献。

（二）如何建设家长学校

1. 家长学校的组织管理

家长学校应设校长、教务主任各一名，事务员若干名，组成家长学校管理委员会，负责家长学校管理工作。校长与教务主任原则上由主办单位的有关领导兼任，事务员由学校和家长推举责任心强、认真负责的同志担任。管理委员会要有家长代表参加，各成员要明确分工，落实责任。家长学校要建立规章制度，严格考核，规范管理。

2. 家长学校的教学

家长学校一般按学生的年龄特点进行分段教学，以体现教育的系统性。大致可分为四段：幼儿园为一段；小学为一段；初中为一段；高中为一段。每段授课时间可安排12～16课时，每课时60分钟，可集中进行，亦可分散在各学期进行。要从成人业余教育的特点出发，选择教学时间和教学方法。家长学校可根据学生和家长的不同特点，进行分类型、分层次指导。要加强调查研究，掌握各类家长的实际情况，在安排教学内容的深度和广度时充分考虑家长的实际水平和接受能力，因材施教，分类指导，以满足不同层次家长的需求。

家长学校的活动形式要多样，如：授课、座谈讨论、经验交流、专题研讨、个案分析、心理咨询、联谊会等。还可以根据特殊需要开办专题讲座，要办出特点，办出成效。学校在每期家长学校结束前，可根据教学要求，采用问卷、口试、活动或其他形式对学员进行考核，成绩合格者可发给结业证书。对表现突出的家长，应及时反馈到家长所在单位，以争取社会各方面对学校和家庭教育的了解、支持和配合。

3. 家长学校与其他家校沟通形式

家长学校工作要和班主任、任课教师的家访工作有机地结合起来。要从制度上确保任课教师，特别是班主任教师每学期一定数量的家访工作，通过多种形式的家访，沟通学校与家庭教育渠道，使两者实施的教育同步合拍，互相补充，同时，根据家访了解到的信息及时调整学校教育，提高教育的针对性，特别是对那些学习、思想品德有问题的学生，要帮助他们解决生存和学习环境中的具体困难，确保他们健康成长。

第三节　与个别家长沟通实务

一、家访

（一）家访的重要意义

家访是教师走访家长，了解学生的家庭情况，并向家长反映学生的情况，通过双方交换意见，共同研究如何鼓励学生进步和帮助学生克服缺点所采取的一种教育方法。家访是班主任找到理解和教育学生的重要钥匙。很多时候，班主任对学生在校的行为感到不理解，而到他家中一看，心里就完全明白了。作为一个班主任，应该合理利用时间进行家访。

1. 家访有利于了解学生

家访不是在学生表现不佳或出现问题时，班主任做出的被动应对，更不是班主任对学生无计可施而通过上门告状以获得家长配合的无奈选择。家访的作用在于深入细致地了解学生的家庭环境、个性特征、行为习惯、内心感情等，进而“一把钥匙开一把锁”，不断增强教育教学的针对性、趣味性和感染力，从而帮助学生提高学习能力。

2. 家访有利于密切师生关系

有效的家访能够增进班主任对学生及其家长的了解，甚至还可以增进家长与孩子之间的相互了解。这些了解是做好班级管理工作的良好前提。一旦家访调动了学生学习的积极性，提高了学生的学习成绩，就必然能增加学生对班主任的信任感，提高班主任的威信，从而融洽师生之间的关系。

3. 家访有利于家校合作

通过家访这一家校联系的主要方式，班主任与家长加强了联系，相互了解各自的教育方法，在交流和互动中达到共同教育学生的目的。家访是班主任发挥自己专业优势、指导家庭教育的一种实践。通过这一实践，班主任不仅可以加深对学生的了解，沟通班主任与家长的情感，更重要的是班主任可以借此向家长传达正确的教育观念，传播科学的教育方法，帮助家长形成良好的教育态度，进而从根本上提高家长的教育素养，提高家庭教育的质量，实现家校合作、协调教育的最佳效应。

（二）如何做好家访

1. 整体策划

开学初，班主任要根据学生的学习情况和家庭情况，初步制订家访实施方案，做到有目的、有计划地进行家访，如果没有特殊情况则按计划进行。但在实施过程中，也可以要求学生自行申请教师家访，使自行申请与整体安排相结合，既体现了家访的灵活性，又体现了师生之间的和谐、民主、平等的关系。班主任既要做到普访常访，又要做好重点访问。争取做到家访常规化，不要学生出了“问题”才家访，那样就变成了“告状”、“兴师问罪”，家长和学生都讨厌或畏惧，久而久之，家访效果会减弱、消退甚至适得其反。要把问题消灭在萌芽状态，把家访变成老师与家长、与学生“交心”的平台，把学校的工作计划、任课教师的基本情况、学生的在校表现、发展潜能以及自己对学生的期望传递给家长和学生，要虚心听取家长、学生对老师和学校的评价和建议，对他们的正确建议自己能做到的要全力做到，关于其他老师和学校的，要在适当时机沟通和交流，尽最大努力实现家长、学生的良好愿望，使他们更加信任学校、信任老师，使教育教学效果事半功倍。

2. 实地家访

在家长、教师、学生这个组合里，教师无疑是个导演。家访成功与否，关键在于教师能否把握好取得家长和学生默契配合的重头戏。这一过程中，教师首先应注意防范自己又“导”又“演”，口若悬河、滔滔不绝，这样往往让人无所适从，甚至反感。其次，不能忽视引导学生与家长的对话。作为教师，一方面应提醒家长注意自己的形象，改变粗暴的作风，增强对子女的信任，主动与子女多交谈；另一方面应鼓励学生大胆面对家长，消除他们心中的积郁，正确对待长辈的批评。这对培养学生心理承受能力有重要的作用。

家访中可以采用“听、观、提”三字方针，“听”就是耐心听家长讲孩子的思想状况、个性特点，虚心听取家长对老师工作的意见和要求；“观”是观察学生在家学习的环境，照明条件是否对视力有影响，同时观察家长的教育方法、思想素质是否有利于孩子的健康成长；“提”指的是如果发现什么问题，及时诚恳地向家长提出改进意见，还要根据家长和学生提出的问题与他们交换自己的看法，对学生在校表现向家长汇报时，坚持以表扬为主。和家长交谈，力求以心换心，设身处地为家长着想，以自己的真诚获得他们的信任。整个家访过程应力求气氛和谐融洽，话语情真意切。一周家访结束，及时向全班反馈，对那些在家表现好的同学进行客观地表扬，并请他们回家向父母转达老师的谢意。这样，学生和家长就更欢迎老师去访问，密切了师生之间、子女和父母之间、老师和家长之间的人际关系。通过家访，沟通了学校、家庭之间的联系，帮助家长改进家庭教育方法，消除学生因家庭矛盾而形成的心理障碍。

3. 做好家访记录，及时反馈

家访结束并不意味着整过家访过程就完成了，还要有许多工作要做。每次家访后，班主任要及时地写出详尽的家访记录，把家访过程、家访达成的共识、家访中受到的启发及家访中发现的问题一一记录下来，建立起学生成长档案。班主任还要根据学生在校内的学习、行为表现，结合家访中了解掌握的资料，及时反馈，对学生发展现状进行分析评估，制订新的教育方案和措施，不失时机地对学生进行有针对性的教育，并把学生在老师家访后的表现及时反馈给家长。

(三)家访要注意的问题

家访要选择合适的时间。一般来讲可以选择在开学初、期中、临近期末这三个时间去家访。开学家访,旨在了解学生、家长新学期有什么新的要求、新的情况,尤其是起始年级新生,我们要了解学生家庭经济状况,家长对孩子要求等;期中家访,我们要和家长交换开学以来孩子的学习、思想等表现情况;期末家访,我们可以向家长汇报孩子一学期以来的情况,并征求家长意见和建议。家访最好先电话预约,让家长在时间上、心理上都能有所准备,以便家访在愉快的氛围中进行。

家访前必须要做好准备。首先,要了解学生的家庭情况:如家长的姓名、工作单位、职务(见面时得体的称呼会给对方留下良好的第一印象);家长的教育程度(以决定你在与家长交谈时采取什么样的交流方式以及使用什么样的语言更好地与家长沟通);学生的性格特点,承受批评挫折的能力等(以决定在家访时是否向家长汇报孩子存在的问题以及怎样汇报)。其次,要非常清楚通过这次家访要了解哪些情况,你准备向家长汇报哪些情况,准备给家长提哪些建议和意见。最后,要找出学生的优点,并要有具体的事实。让家长听了高兴,学生听了感激,为以后的教育铺平道路。对中差生,可以称赞他劳动态度好,大扫除很卖力,或者体育好。万一实在找不出学生的优点,暂不要到他家去。等到他略有了进步再去家访。

家访时千万不要去告状。有位学生趁班主任中午不在学校时,和几个学生一起抽烟。班主任十分恼火,准备上门告状。一进家门,就看到学生胆怯的眼光,他灵机一动,改变了主意,在他家说了一大堆"还好"之类的话。临别,学生出来送班主任,说了句:"谢谢您,老师,以后我再也不抽烟,不惹您生气了。"后来,这个学生变好了,是出于感激:班主任没有让他挨打。自己的孩子表现如何,各个家长心里都有数,用不着班主任数落他们孩子的不是。告状的效果,往往适得其反。有这样一个学生,作业经常不及时完成,所以班主任老师打电话把家长请来了,跟家长讲明了情况后,原以为他会改好的,他却变本加厉,干脆就不做了。

家访谈话要讲究方法。家访谈话要有方向、有目的,讲究艺术,切不可漫无边际地闲聊。否则，既浪费了自己的时间，也耗费了家长的一腔热情，使家长对老师的谈话失去兴趣。反映学生在学校的学习、行为表现情况时，要以表扬为主，从赞扬的角度切入话题，对学生的缺点要委婉地指出，通过表扬别的学生在某个方面的优点来提醒家长，或讲一些本校优秀毕业生的成长过程，通过这些成功的典范让家长明白自己的孩子在这方面的不足，知道今后该朝哪个方向努力。这样，不仅在家长面前给学生留了脸面，拉近了师生距离，也使谈话气氛活跃，场面融洽和谐。

总之，班主任做家访工作，要有目的、有计划、有准备，要注意与家庭诚恳地合作，要帮助改善学生在家庭中学习与生活的条件。在家访过程中，班主任一定要尊重家长、爱护学生，同家长一起分析研究学生的情况，共同商讨教育学生的方法，绝不能带着厌恶学生、埋怨家长的情绪，更要杜绝“告状式”家访、“指责式”家访。家访结束后，班主任要及时对家庭的情况进行记录，以便积累资料，为今后改进工作提供依据。

二、约请家长

为了及时处理学生中的一些班级偶发事件和重大问题，班主任可以约请家长来学校，以便共同研究和解决问题。有的时候，家长为了了解孩子的学习情况，也可能主动到学校拜访班主任。这两种方式，都是班主任一对一地与家长面对面交流，在家校合作中具有较为重要的意义，班主任必须正确应对。

（一）约请家长解决不同问题的技巧

1. 谈孩子的缺点

对孩子的缺点，不能不说，但不要一次说得太多，不能言过其实，更不能说“这孩子很笨”这样的话。交谈时，可以先谈优点，趁家长高兴时说问题，过渡要自然，不要流露痕迹。对后进生，不要说优点三言两语，说缺点滔滔不绝，对不太严重的问题，可以用“希望……”，“建议……”，“注意……”等口气提出。相反，对一些隐蔽性的，家长不太注意的问题，口气要严肃。学生闯了祸，要分析原因，是有意的还是无意的，是一贯的还是偶然的。针对家长的个性，采用不同的办法，或直截了当，或委婉地提出。学生的每一点进步包含着老师辛勤的汗水，也凝聚了家长的心血。学生后进的原因很复杂，但作为教师，在与家长推心置腹的交谈中，应有意地多承担些责任，这是教师职业道德的一种表现，同时也是对家长自尊心的理解。有些家长溺爱孩子，常为其护短，和这类家长谈及学生过失时，很容易出现不和谐气氛。教师应强调在教育促进孩子上进方面，学校与家庭的目标完全一致；如果对学生的教育观点与某些言行的看法上产生分歧，教师应用商量的口气和谦虚的态度，征求家长意见，千方百计争取配合。

2. 说服家长

要说服家长，首先要赢得家长信赖，其次理由要充分。例如学校进行养成教育，要求每个学生建立家、校劳动小岗位，而有些家长对此不理解，认为只要书读好就行了，家里的事不用做。老师就要把劳动教育的意义讲给家长听，告诉家长我们培养的接班人不但要会读书，而且要全面发展，让孩子从小参加力所能及的劳动，这样既不会伤筋动骨，又能培养孩子热爱劳动、热爱劳动人民的情感，懂得父母的辛劳，还能提高动手能力，促进智力发展。家长觉得老师讲得有道理，就会协助老师检查督促。在交谈时，多站在家长的角度来讲，使他们感到班主任是在设身处地为孩子着想，那样他们就会从内心深处接纳班主任。

3. 赞扬家长

家长得到老师的赞扬，就可能进一步配合学校搞好工作。老师说话的时候，既要实事求是，也需态度诚恳。如果家长对子女教育不够重视，班主任要善于发现他们的“闪光点”，可以引导该家长为子女或班级做一件好事，然后在家访时或家长会上给予表扬，表示感谢。如一位家长不让孩子参加学校的体育训练，老师做工作后让孩子来训练了，班主任就应该在全班同学面前，或在家长会上表扬该家长支持学校与老师工作。

4. 对待家长的要求

家长碰到班主任，有时会提出一些要求，如调换座位，让孩子当班干部、评“三好”学生等。班主任不要轻易答应，要慎重思考：哪些合理，哪些不合理；哪些能办到，哪些办不到。对明显的不合理要求，要婉转地以理说服，不好答应的可以说“让我考虑一下”，而不能信口开河。对那些可以办到的，应该尽量满足家长的要求。

（二）与不同类型家长沟通的技巧

1. 与“后进生”的家长沟通

班主任最感头痛的是面对“后进生”的家长。面对孩子可怜的分数，无话可说；面对家长失望的叹息，无言以对。与这类家长沟通，要多向家长说一些孩子除了学习之外在其他方面的长处与优点，比如动手能力比较强、团结同学等，使家长对孩子有比较全面的认识，并配合学校与老师，共同找出孩子存在问题的原因，努力帮助孩子克服其弱点与不足。对于“后进生”，我们不能用成绩这一个标准来否定学生，要尽量发掘其闪光点，要让家长看到孩子的长处，看到孩子的进步，看到希望。在说到学生的优点时要热情、有力度，而在说学生缺点时，语气要舒缓婉转，这样就会让家长感到对他的孩子充满信心。只有家长对自己的孩子有了信心，他才会更主动地与老师交流，配合老师的工作。

2. 与气势汹汹型的家长沟通

班主任碰到气势汹汹的家长往往也会热血冲头，但一定要沉得住气才行。这类家长比较强悍，平时对孩子的学习生活不是特别重视，对学习也不怎么过问，但只要对老师有一点点意见或孩子受到一点点委屈，就气势汹汹地跑到学校，找老师或者其他人理论。孩子成绩不好，就推卸责任，还会对学校教育表示不满，有时甚至是做出一些尖锐的、与事实有出入的批评。与这类家长沟通，班主任要有耐心，多虚心听取其建议，不与其争吵、争辩。在听取意见和建议的同时，要有判断能力和心理承受力，冷静分辨是非。面对这类家长，最有效的做法就是面带微笑。在人际交往中，微笑的魅力是无穷的，它就像巨大的磁铁吸引铁片一样让人无法拒绝。班主任在面对家长的指责时，要克制自己的怨气；不要和家长争执，更不要挖苦讽刺学生而伤及家长；脸上要充满微笑，那么无论是在多么尴尬或困难的场合，都能轻易渡过，赢得家长的好感，体现自己的宽容大度，从而最终消除误解和矛盾。

3. 与脾气暴躁型的家长沟通

这样的家长往往文化程度不太高，“恨铁不成钢”，学生一出现毛病，他们不加分析就拳脚相向。与这样的家长沟通要特别讲究方式方法，谨慎行事。要以柔风细雨式的交谈方式让家长知道，老师请家长到学校来，并不是希望给自己的学生招来一顿皮肉之苦，而是为了帮助学生尽快认识和改正自己的缺点错误，希望得到家长的配合，齐抓共管，共同教育学生。如果家长不分青红皂白把孩子打一顿，不但无法使孩子认识到错在哪里，怎样改正，还可能加深师生间的隔阂，使孩子对班主任极为反感，感到老师很可怕、很可恶。要使家长理解所有这一切，首先就要以情服人，取得家长的信任，使他们相信，请他们到学校来并不是为了给孩子以惩罚，而是争取他们的协助，共同帮助学生。

（三）约请家长需要注意的问题

1. 慎重使用、防止滥用

约请家长是班主任与家长沟通、教育学生的一种手段，采用时必须慎之又慎。只有学生出现严重违纪行为，或涉及学生人身财产安全等迫不得已的情况下，才考虑采用这种方式。有些班主任过于依赖约请家长来校这种方式，学生稍有出格行为，不分性质轻重，一律“请”家长，以至于三天两头与家长碰面，学生和家长都不胜其烦。

首先，学生出现一些小问题便频繁找家长，容易失去学生的信赖与尊重。多数情况下，学生并不希望家长知道自己在校的违纪行为，害怕、讨厌老师向家长告状，认为教师此举是无能为力的表现。这可能导致的结果是：为了不请家长而开始撒谎或由于常请家长变得无所谓。

其次，过多地约见家长易引起家长的反感。每班都有几十名学生，学生家长来自各种行业。学校上课的时间，也是家长们的工作时间。过多地让家长们到学校来，不但会影响家长们的工作，也会伤害他们的自尊——因为孩子“不听话”被班主任频繁地“请”进学校，颜面何在？长此以往，使家长害怕与班主任沟通。

因此，班主任要尽量减少“请”家长的次数，而应该注意改变自己的方式方法。能解决好的问题不一定非要让家长知道，一些小问题可以采用电话访问。对学生的一些异常情况可以采取家访方式，一方面了解孩子在家里的真实情况，另一方面促进与家长之间的互相了解，共同寻求应对之策。

2. 精心准备、防止随意

在与家长交流时，班主任不能随意和情绪化。和家长交谈前要详细想好约见家长的主题和目的，注意从多方面收集学生的信息；设计和家长交谈时如何切入主题，如何结束，如何谈学生的优点和问题；总结自己在交谈时方法是否得当，考虑如何向学生及其他教师反馈约见家长的情况；最后要思考自己以后在和家长交谈时需要改进和注意的方面。

有位学生伙同本校六年级学生一同盗窃同学的课外辅导书。因为问题性质严重，这名学生的班主任赶紧打电话联系家长到校，先跟家长说了事态的严重性，然后让学生自己向家长说出事情的经过，又令学生向家长承认错误——自己不该犯错让父母操心。家长很感动，忙让孩子向班主任认错，说不该让老师多操心。这样就拉近了老师与家长的距离。事后，这名学生触动很大，转变也非常明显，家校合作取得了良好的效果。

三、其他沟通方式

家访和约请家长来校，都需要班主任和家长有足够的时间，才可能直接面对面交流。随着工作压力的增加、生活节奏的加快，这类对时间和场地都有一定要求的沟通方式无法完全满足班主任和家长的需要。对于许多并不是必须面谈的事情，班主任可以通过其他方式与家长进行沟通。

（一）书面联系

书面联系包括《学生手册》、家长联系簿、通信、便条等形式。这些方式可以通过学生传递，不需要班主任与家长见面，能够极大地节省时间。而且，由于采取的是书面形式，班主任和家长都有足够的时间思考，能够充分反映自己的看法，提出合理的建议。家长能够及时了解子女在校情况和学校、班级的要求，班主任也能经常了解学生在家的表现及家长的反映。

（二）通讯联系

在信息化时代的今天，以上各种方式均可以采取现代信息技术手段来进行。例如,可以通过电话进行家访,可以通过电子邮件进行书面联系,可以通过QQ群或博客的方式开家长会或举办家长学校等。这些现代信息技术手段为班主任高效、全面地开展家校联系提供了极大方便,班主任应该熟练掌握。

当然,在充分利用现代信息技术手段的同时,不能忽视了对传统方法的运用,而是应该把传统方法与现代信息技术手段结合起来,以达到最理想的沟通效果。

第八章　班级偶发事件处理

第一节　班级偶发事件概述

一、班级偶发事件的概念

（一）偶发事件的涵义

班级偶发事件，是指在正常的教育教学活动或学生的日常生活当中，发生的出人意料的事件。它带有明显的突发性、紧迫性和冲击性等特点。偶发事件出人意料，往往是在看似正常的情况下，突然爆发出来，具有典型的突发性。由于偶发事件是突然爆发出来的，又出人意料，且往往是矛盾冲突的结果，场面一般非常紧张，需要迅速采取措施，具有紧迫性的显著特点。班级偶发事件在正常的教育教学活动中突然爆发，严重冲击正常的教育教学秩序，一旦处理不当，会造成相当恶劣的影响，因而具有相当的冲击性，甚至是破坏性。

班级偶发事件是班级教育工作中不可避免的一种现象。每个班几十个学生生活在一起，他们的个性不同，气质各异，身心处于不断发展变化之中，且每个学生都是具有主观能动性的人，朝夕相处中难免出现一些意外的事情。班级偶发事件产生的原因比较复杂，既与纷繁的社会环境有关，也与家庭、教师自身等因素相关，甚至与自然环境也有关系。例如家长到班级闹事、个别教师脾气暴躁、学生与社会闲散人员纠纷、地震等。班级偶发事件的性质和范围多种多样，例如学生上课突然捣乱、学生之间突然吵架、学生在活动中突然受伤、班干部突然闹情绪等。

(二)班级偶发事件的分类

班级偶发事件发生的时间、地点、涉及人员等均有不确定性。事件大多发生在校内,也有的在校外;有的在课堂上,有的在课余;有的是教师与学生之间,有的是学生与学生之间;有的是本班同学之间的矛盾,有的是班与班之间、校与校之间,甚至与社会人员发生冲突;有的是个人间的鸡毛蒜皮小事,有的则影响着全班、全校的大局;有的发生在一两个人之间,有的涉及面很广;有的属于一般问题,有的性质严重,甚至是恶性事件。根据不同的标准,可以把班级偶发事件大致分为以下几类。

根据导致事件发生的原因,可以把班级偶发事件分为潜发性和随意性两类。潜发性的班级偶发事件,是指已有某种潜伏因素,由于某一导火线而突然爆发出来的事件。例如有的班干部原本就觉得自己受了委屈,为一琐事争吵而提出辞职。随意性的班级偶发事件,是指事先没有准备,只是由于当时某种具体矛盾而导致的事件。例如学生之间无意的碰撞,导致双方发生冲突,并因双方脾气火爆激化矛盾,最终演变成打架。

根据后果的严重性,可以把班级偶发事件分为平常性和特殊性两类。平常性的班级偶发事件,是指事件造成的后果较为轻微,例如师生课堂矛盾、学生吵架、旷课、小偷小摸等。特殊性的班级偶发事件,是指事件造成的后果较为严重,具有较大的影响,在学校、家庭中往往一时成为爆炸性的新闻。例如人身伤害事件、参与群架、学生离家出走等。

根据性质的不同,可以把班级偶发事件分为恶性事件和中性事件。恶性事件,是指班级偶发事件具有典型的破坏性,甚至是有目的的破坏性,严重影响学生个体或班集体的利益与形象,扰乱正常秩序或危及学生安全的事件。这类班级偶发事件对班集体的团结破坏性很大,以致严重影响班级组织的正常运行。例如打群架,班干部之间的矛盾,男女生群体之间的对立等。中性事件,是指班级偶发事件本身不具有破坏性或不具有目的性,这类事件主要是一些自然环境的变化造成的。

二、正确处理班级偶发事件的意义

（一）正确认识班级偶发事件

班级偶发事件是必然性与偶然性的统一。学生是来自不同家庭背景、有思想、有感情、活生生的人，他们的思想品德、个性不可能完全按照班主任老师、家长所预期的那样发展，在外界信息、环境等因素刺激下，他们完全可能做出一些出人意料的行为。从这个意义上来说，班级偶发事件具有必然性。但是，班级偶发事件具体什么时候、什么地点、以什么样的方式爆发出来，这很难预测与判断。从这个意义上来看，班级偶发事件具有偶然性。班主任既要看到班级偶发事件的偶然性，把主要精力用于正常的班级管理；又要看到班级偶发事件的必然性，做好随时应对班级偶发事件的准备。

班级偶发事件既是挑战，也是机遇。班级偶发事件可能造成师生之间、学生之间的严重对立，影响班级组织的凝聚力。班级偶发事件的发生过程，可能伴随着矛盾的不断激化。如果处理不当，班级偶发事件极易在师生之间、学生之间造成严重的隔阂，导致班级组织松弛，人心涣散，班级偶发事件对班级管理带来了严峻的挑战。然而，如果能正确处理班级偶发事件，就必然能够化险为夷，融洽师生之间、学生之间的关系，提升班级的凝聚力，班级偶发事件为班级管理提供了一定的机遇。班主任必须沉着冷静，迎接挑战、把握机遇，妥善处理各种班级偶发事件。

（二）正确处理班级偶发事件的意义

正确处理班级偶发事件意义重大，它既具有教育效果的即时性，又具有教育效果的长期性。首先，从教育效果的即时性来看，班级偶发事件的解决迫在眉睫，学生对老师解决班级偶发事件的期待心理比平时更为突出。如果老师能顺利处理好，则会使学生感触良多，师生间将更容易沟通，相处将更为融洽。其次，从教育效果的长期性来看，班级偶发事件的偶然性，往往给师生留下的印象会非常深刻，正确处理班级偶发事件甚至会创造出新的教育契机，为班级组织的发展奠定良好的基础。心理学研究表明：平时学生的心理处于相对平衡状态，班级偶发事件的爆发使这种心理平衡被打破，这时他们对周围信息反应特别敏感，思想矛盾特别尖锐，是学生最易接受教育的时机。抓住这些时机，常可以收到意想不到的理想的教育效果。

我们可以从以下三个层面来理解正确处理班级偶发事件的意义。

1. 对学生个体

班级偶发事件的直接当事人可能是某个或某几个学生，但是它具有很大的扩散性，班级中甚至学校中的其他学生都是班级偶发事件的间接当事人。班级偶发事件的处理结果，对所有学生都具有十分重要的规范和约束作用。通过班级偶发事件的处理，所有学生都能够从中得出自己的看法、结论，在内心树立自己以后的行为准则。如果班级偶发事件处理得妥当，那么多数学生就有了正确的行为准则，他们以后的行为就有了明确的规范和约束。而一旦班级偶发事件处理不妥，那么多数学生就会得出错误的结论，为今后更多的班级偶发事件埋下了祸根。

2. 对班集体

班级偶发事件如果处理不当，就会损害班级的形象和声誉，降低班级的影响力，造成强烈的反响和震动。其危害所及，不仅是偶发事件的当事班级，还可能波及整个学校，甚至导致严重的社会影响。当偶发事件频频发生，以至成为一种常态，势必使班级成为一盘散沙，严重影响及损害班级的形象和声誉，降低班级对学生的感召力和影响力。

反过来，如果能够正确处理班级偶发事件，使之成为教育整个班级的契机，就能够把一盘散沙的班级成员凝聚起来，形成一个良好的班集体，并使班集体本身成为一个非常重要的教育因素。这样，就能使坏事变为好事，使班级偶发事件成为教育学生和巩固班集体的难得机会。

3. 对班主任

班级偶发事件的处理与班主任的权威息息相关。权威的高低极大地影响着班级偶发事件的处理，权威高的班主任更容易处理班级偶发事件，权威低的班主任处理班级偶发事件往往非常吃力。反过来，班级偶发事件的处理也影响着班主任的权威。班级偶发事件处理得当，可以迅速有效地平息事端，化干戈为玉帛，变坏事为好事，能有效地教育全班学生，提高班主任威信；反之，如果班级偶发事件处理不当，则极易使局面失控，导致师生冲突，甚至发生难以挽回的恶性事件，伤害学生身心健康，严重损害班主任形象。

班级偶发事件的处理与班主任的素质同样密切相关。由于事出偶然，没有预先的思想准备，也往往没有充裕的时间仔细思考处理的对策，班级偶发事件往往都非常棘手。班级偶发事件需要班主任迅速机智地反应、处理，需要班主任充分运用他的智慧、胆识、思想和艺术，最容易体现出一位班主任的理论修养、思想水平、办事能力和教育机智。因此，班级偶发事件的处理是班主任的磨砺机会，只要班主任善于学习和反思，必定能从处理班级偶发事件的过程中不断积累教育经验，进而提升自身的素质。

总之，处理班级偶发事件是一门教育艺术。能否妥当处理偶发事情，既关系到学生的健康成长，又关系到班集体的巩固和发展，同时也是对班主任素质的一种考验。因此，班主任需要不断提升自身素质，巧妙运用教育智慧，在实践中不断探索行之有效的方法，处理好班级偶发事件。

第二节　处理班级偶发事件的原则

处理班级偶发事件是对班主任工作艺术的考验；正确处理班级偶发事件具有十分重要的意义。要处理好班级偶发事件，必须遵循以下一些基本原则。

一、以生为本、重在教育

教育工作者应时刻牢记，我们面对的对象是非常特殊的，他们是一群活生生的人，是一群身心发展尚未成熟的人，是需要进行大量教育工作的人。处理班级偶发事件，首先要考虑的事情，就是要时刻为学生着想，处处以学生的全面发展为最高目标。以生为本、重在教育是正确处理班级偶发事件最重要、最根本的原则。

（一）充满责任心

班主任必须具有高度的责任心和对工作、对学生的满腔热忱。这是班主任能及时、正确处理好班级偶发事件的基本前提，也是良好师德的重要体现。教师高尚的道德理念是做好班级工作的基本动力，只有具备了这种道德理念，在班级偶发事件发生后，教师才能认真负责地立即进行处理，而不是视而不见或刻意回避它。班级偶发事件多半是比较孤立的事件，也多半发生在少数学生身上，但处理班级偶发事件要着眼于大多数学生，提高教育的效能。除了极个别的班级偶发事件涉及个人隐私不宜公开处理外，大多数的班级偶发事件都可以“借题发挥”，作为教育的内容。班主任处理班级偶发事件，不仅要解决某个具体的矛盾，教育某个学生，而且要通过班级偶发事件的处理，使大多数学生汲取教训，提高认识，受到教育。

（二）饱含感情

班级偶发事件发生了，难免对班级乃至学校造成不良影响，这时，班主任就应该对当事人进行教育，尽量缩小影响范围，不能因一时冲动，将事态扩大。作为班主任在处理班级偶发事件时，应该与学生在情感上进行沟通，要充分利用教育机智和教育艺术，用情理去教育学生，以爱去感化学生，让学生从中能感受到班主任炽热的爱心，及时引导学生走出班级偶发事件的阴影，把精力投入学习中，以爱护和关心作为基础来处理班级偶发事件。为了减少班级偶发事件的发生，班主任平时还要重视对学生心理行为的研究，要以慈母般的心肠、高度的责任感、广博的知识、丰富的经验、娴熟的教育技巧来全面关心每一位学生。

（三）学会宽容

班主任处理问题时要坚持以理服人，先多从自身找原因，从检查自己工作入手，多自我批评，要采取宽容的态度，消除学生的对立情绪，缩短与学生之间的距离与隔阂。学会宽容，是教师特别是班主任高超教育艺术的一把利剑。我们知道，是人都难免犯错误，尤其是未成年人，宽容比训斥往往更能感化他们。对人宽容其实也是做人的一种美德，如果在处理班级偶发事件时采用宽容的态度，常常会带来意想不到的教育效果。

贯彻“以生为本、重在教育”这一原则，需要注意避免以下情况。

1. 侮辱学生

有的班主任教师对学生中发生的重大班级偶发事件很不冷静，甚至大发雷霆，出现侮辱学生的语言和行为，这是十分错误的。有的甚至面对学生家长出言不逊。低级庸俗的语言只能丧失教师的师德和理性，而无助于事件的处理和对学生的教育。

2. 打击学生

学生中的违纪现象，有的给班级荣誉带来不利影响，甚至弄得教师很不光彩。这需要教师具备高尚的道德修养和耐心细致的作风，切不可把心理上受到的委屈和社会舆论的压力转嫁到学生身上，对学生进行讽刺、打击、挖苦，否则只能导致师生感情的破裂，造成学生心灵的创伤。

3. 停课

班主任在处理过程中，出现难度大、无进展情况时，切不可随便地采取"停课检查"，要家长把学生带回家教育的办法。可以争取学校领导和学生家长的共同配合，耐心做好疏导、说服工作，从思想上帮助学生提高认识。随意"停课"的办法不可取。

二、防微杜渐、重在预防

虽然偶发事件发生于无准备的情况下，但并非是完全无规律可循和完全不能预测的。偶然性是必然性的表象，而必然性寓于偶然性之中。从表面上来看，偶发事件都是出人意料的事情。然而，大多数偶发事件并不是绝对的偶然，而是具有一定的必然性，意料之外的事情往往又是在情理之中。在偶发事件的发生过程中，大都有一定的"前兆"或"前因"，这种"前兆"或"前因"客观上也有一个必然的发展过程。但是，人们往往忽视了这些"前兆"，对能够引起偶发事件的"苗头"不敏感，错过了制止偶发事件的最佳时机。经过一定时间积累，量变迅速转化为质变，那些"苗头"急剧从初发到高潮，大有给人以迅雷不及掩耳之势，才导致了偶发事件。如果事后我们能够认真反思一下，就会发现大多数偶发事件原来并不"偶然"，能够找到这些偶发事件发生前的蛛丝马迹，以至有一种恍然大悟的感觉。

班主任平时要注意观察了解学生、分析研究学生、积累资料。只有这样，遇到班级偶发事件才会心中有数，才会处变不惊，才会找到开启学生心灵之门的钥匙。

三、迅速果断、冷静沉着

（一）及时应对

对于班级偶发事件，班主任切不可漠不关心，听之任之。这是一种失责行为，是师德规范所不容许的。在班级偶发事件面前，班主任如果听之任之，不仅会使班级偶发事件相继发生，而且会助长肇事者的不良习气，导致出现新的班级偶发事件，直接导致学生与学生、学生与教师、学生与学校及社会之间的矛盾和隔阂，严重影响教育和教学的正常进行，甚至产生违法犯罪行为，造成严重的后果。因此，班级偶发事件一旦发生，班主任不能优柔寡断或感情用事，一定要本着为学生高度负责的精神，积极、严肃、认真且慎重地进行处理，尽量减少班级偶发事件的发生，争取把问题消灭在萌芽状态，防止班级偶发事件的蔓延和发展。班主任要迅速果断地决策，消除激化的矛盾冲突，稳定当事人的情绪，对全班学生（如果涉及面很广的话）提出要求，并随机采取必需的措施。必要时，班主任可以用严肃、警告的语言"断喝"，果断有力、义正词严，使事态骤然而止，然后令矛盾各方冷静反省，防止事态扩大、蔓延。

（二）冷静处理

班级偶发事件因其突发和难以预料性，常常令班主任措手不及，心理容易失衡。特别是有些事件纯属学生不守纪律或恶作剧所致，有的甚至是个别学生对教师的"公然挑衅"，很容易使班主任产生"是可忍孰不可忍"的愤怒情绪，并产生使出"杀手锏"、"杀鸡儆猴"的想法。在这种情况下，班主任产生恼怒、委屈、急躁的情绪是可以理解的，但千万不能失去自制力和理智，因为处理班级偶发事件的大忌就是缺乏冷静。首先，通常班级偶发事件发生后，学生处在不冷静的状态之中，班级气氛也很紧张，学生们都十分关注班主任的态度和情绪。班主任如能遵循冷静沉着的原则，不仅能够稳定事态，同时也是对学生的一种教育和示范，使学生的情绪也趋于平静，这就为处理班级偶发事件确定了一个良好的开端，打下了一个良好的基础。其次，班主任如果缺乏冷静，急于解决问题，就会忽视对班级偶发事件的成因和来龙去脉做认真了解，就容易偏听偏信、主观臆断，或是只从“现象”来认识和解决问题，就容易急于下结论，急于判断是非。这样就难以把握处理班级偶发事件的分寸，造成处理不当和失误。

因此，当班级偶发事件发生后，班主任要保持冷静，马上了解情况，认真分析，并把握处理的分寸。班主任必须力戒急躁情绪，要做到沉着、冷静。只有沉着、冷静，才能对发生的事件作出迅速、正确的判断，以尽快地对事件采取恰当的解决办法。如果一遇到事情就情绪激动，“怒气冲冠”、大发雷霆、失去理智，就无法思考和选择最佳的处理问题的措施，而是使学生的思想、注意力集中到这个事件上，就容易激发师生之间的矛盾，有损教师的形象。班主任遇到班级偶发事件时一定要有超乎寻常的克制力，具有很强的心理承受力，要机智果断，尽可能地把当事人的感情平静下来，为下一步思考问题的解决办法赢得时间。

处理班级偶发事件时要尽量冷处理，因为班级偶发事件往往伴随着学生的激情和冲动，犹如钢铁置于高温炉膛一样。如果以强硬的办法进行热处理，就犹如火上浇油，不仅不利于问题的解决，相反会促使矛盾进一步激化。要避免自己一味从坏的方面去评估看待学生，要多去理解他们，尤其是当学生与教师发生矛盾时，班主任更应该表现出高姿态，多给学生留面子，不能急躁，急于求成，要有耐心。等一等，看一看，给学生留下一个反思自省的时间，学生往往就会把自己发热的头脑冷却下来。

贯彻“迅速果断、冷静沉着”这一原则，需要注意避免以下情况。

1. 主观武断

处理班级偶发事件必须重调查研究，克服主观片面性。当班级偶发事件出现时，班主任教师切不可根据某些学生的只言片语和自己的主观想象处理问题，以致作出错误的处理意见。处理班级偶发事件，必须辨别每位当事人的是非之分、错误大小之别、情节轻重之异。这就要求班主任在处理之前，要具体情况具体分析，按问题的性质及情节区别对待，公正处理。这样才能刹住歪风，弘扬正气，培养学生分清是非、辨别正误、实事求是的精神品质，促进班集体正确舆论的健康发展。在与其他班级发生摩擦时,更要就事论事,不能偏袒自己班级的学生。

2. 急躁草率

学生中的偶发事件,有时是十分复杂的。尤其是在高年级学生中,参与的人多,拖延的时间长,涉及面广。有的学生思想复杂、个性特殊、觉悟不高,这就需要班主任根据实际情况进行“冷处理”,或集中多方力量进行“综合处理”。急躁是无济于事的。班级偶发事件的发生往往存在着复杂的原因,如果班主任对班级偶发事件的发生、发展状况,不经过充分周密地调查研究和分析、弄清事情真相、明确问题的性质、确定正确的策略,就感情用事,急于表态,或凭一己之见,主观武断,那么就容易导致情况不明而对事件处理不当,甚至出现失误,“差之毫厘,失之千里”。有时甚至把一些好的东西、美的东西当成错误的东西和坏的东西,以至严重挫伤、打击学生的进取心和积极性。即使是班级偶发事件事实清楚,问题明了,也应该审慎、冷静、认真地进行处理,绝不能随心所欲,看其表面不负责任地乱批评。因此,对班级偶发事件,非在万不得已的情况下,班主任切莫当场表态或处理,以避免失误,从而积极、正确、稳妥地把班级偶发事件处理好。

四、对症下药、因势利导

因为班级偶发事件的内容广、时间不定、范围难以控制,所以班主任必须善于运用各个方面的力量掌握一些最基本的事实和有关情况,并进行初步分析。然后再从各个方面,通过各种途径全面地、细致地调查研究,认真了解事件的一般过程,同时,还必须十分认真细致地调查班级偶发事件发生和发展过程中的细微环节和一些学生或个别学生思想的微妙变化。只有做到这一点,才能有效处理班级偶发事件。也只有这样做,才能弄清班级偶发事件属于什么类别的事件,掌握问题的要害所在,把握问题的性质,以期对事件及问题有一个清醒的认识和判断。处理班级偶发事件前必须向各方当事人,特别是向学生调研,还可征求班委会、校领导等的意见。不回避,不敷衍,不偏袒,弄清真相,查明起因,抓住主要矛盾,避开枝节干扰,一时弄不清的暂时搁置,再行调查,不急于表态。

因势利导,是指从实际出发、实事求是,在弄清原因的基础上,分清是非，明确责任，通过调解使矛盾各方达成谅解，吸取教训，受到教育，尽可能不留负面影响。根据这个原则，个别问题，悄然处理；一般问题，个别处理；涉及影响整体的问题，当众处理；较严重的问题，个案处理。解决过程中，重在摆事实、讲道理，力求做到心服口服。一般的，说服教育，有的可批评；影响较大的可适当扩大范围批评；个别情节严重、影响较坏的，可予以处分，但态度必须慎重；个别情节恶劣、后果特别严重的，应交公安部门处理。

要做到因势利导，就必须努力形成较为融洽的师生关系。班主任平时要善于组织各种活动，善于调解学生的矛盾关系，善于排除学生的心理障碍。当班级偶发事件发生后，要善于与学生沟通，善于取得集体舆论的支持。这样便于与学生配合，使学生较容易接受班主任的临时安排，使班级偶发事件更容易得到处理。

要做到因势利导，班主任就要善于发现和捕捉班级偶发事件中的“闪光点”和转化的“契机”，挖掘积极因素，化不利为有利，使班级偶发事件的处理迅速进入最为有利的轨道。

贯彻“对症下药、因势利导”这一原则，需要注意避免以下情况。

1. 刻板印象

在调查了解事实真相的过程中，必须客观公正，避免刻板印象导致的偏见，不能偏心，不能用老眼光看人，以势压人。学生中相当数量的违纪班级偶发事件发生在后进学生身上。有的是无意识地开玩笑所致；有的是有意识地搬弄是非、扩大矛盾，从而产生纠纷。面对这些“老面孔”，切不可不分青红皂白地乱下结论，乱加批评，要努力克服对后进生的“偏见”。一些班主任经常会偏爱成绩好或者行为习惯好的学生，一旦这些学生发生一些班级偶发事件，往往睁一只眼闭一只眼。这种做法很容易伤及成绩较差或行为习惯不良的学生，他们会认为老师偏心，不利于班级团结。对“表现一贯较好”的好学生，成绩优秀的尖子生，班、团干部及教师、亲朋好友的子女，必须实事求是，客观公正，克服对他们的庇护，努力做到事实面前人人平等。

2. 简单粗暴

要正确处理班级偶发事件，班主任务必克服简单、粗暴、敷衍了事的态度。有的班主任一碰到偶发性事件,不论其性质如何,一概采取“大动作”,要求学校对当事者进行纪律处分,想以此起到杀一儆百的作用。实际上,除了情节特别严重的事件以外,一般只要采取必要的教育,提出必要的告诫就可以了。因为学生毕竟不是敌对的一方,加上学生的可塑性极强,只要当事者对问题有了深刻的认识,并在行为上有改正的表现就可以了。班主任要借助处理过程,寻找最佳教育机会,一边帮助学生妥善处理,一边引导他们从中吸取教训,让事件的处理过程成为对学生帮助教育的过程。

3. 滥用权威

要处理好班级偶发事件,必须正确理解和对待班主任的权威。许多班主任,特别是刚参加工作的年轻班主任,往往误以为权威来自于严厉的态度。“别对学生太好了”、“别给学生太多笑脸”等,竟成为部分班主任的至理名言。这些班主任以为,只要自己严厉就会产生权威。这是一个很大的误解。真正的权威,是班主任在科学教育理念的指导下,真正做到以学生为本,切切实实地关爱学生,通过高水平的教育教学能力和管理水平,获得学生发自内心的认可与尊重。这种权威得到学生发自内心的认可,因而是最有力、最真实的权威,也是最有利于教育教学和班级管理的权威。所以,班主任不能滥用自己的权威、动不动就以势压人,更不要动不动就把班级偶发事件上报到学校进行处理。

五、勤于积累、善于反思

班主任平时要努力学习、锻炼自己,提高自身的职业素养,不断积累各方面的经验,从诸多因素中分析找出班级偶发事件发生的规律,并把它运用到自己的工作中,从而减少工作的随意性、盲目性,把班级偶发事件减少到最低限度,万一发生班级偶发事件,要能让其负面影响降低到最小。

陶行知“三块糖”的故事

陶行知先生在育才学校当校长时,在校园里看到学生王友用泥巴砸自己班上的男同学,陶行知立即制止了他,并让他放学后到校长室去。放学后,王友早早地来到校长室门口准备挨训。这时,陶行知走过来了。他一看到王友,就掏出一块糖果递给他,说:"这是奖给你的,因为你按时来了,我却迟到了。"王友惊愕地接过糖果,目不转睛地看着陶行知。这时,陶行知又掏出一颗糖果递给王友,说:"这块糖果也是奖给你的,因为当我不让你再打人的时候,你立即就住手了,这说明你很尊重我,我应该奖励你。"这时,陶行知又掏出一块糖果放到王友的手里说:"我已经调查过了,你用泥块砸那些男生,是因为他们不守游戏规则,欺负女生。你砸他们证明你很正直善良,并且有跟坏人作斗争的勇气,应该奖励。"王友听了非常感动,他失声叫了起来:"校长,你打我吧,我砸的不是坏人,而是自己的同学呀!"陶行知满意地笑了,说:"你能正确地认识错误,糖果值得奖励给你。现在我已经没有糖果了,你也可以回去了。"

第三节　处理班级偶发事件的方法

一、说服教育法

说服教育法是指通过摆事实、讲道理,以提高学生思想认识和道德水平,形成正确价值观念,培养良好行为习惯的一种教育方法。说服教育是教育者进行教育的基本方法之一,也是处理班级偶发事件的有效方法。

说服教育法的突出特点是以大量可见、可闻的事实材料为依据,以良好的语言表达能力为手段进行的。它对于提高学生的思想认识,培养学生明辨是非的能力,启发学生遵守纪律的自觉性都具有极其重要的作用。

青少年学生年龄小,社会经验不足,缺乏对事物的分辨能力。许多班级偶发事件并不是他们有意为之,不能动辄对他们进行严厉批评。需要通过说服教育,提高他们的思想觉悟,使他们对事物有正确的认识,让他们明辨是非,养成良好的行为习惯。

运用说服教育法应当注意以下几点。

1. 以事实为说服的依据

在教育学生的过程中，说服的一个重要基础和前提就是事实。因此，在说服教育前，首先，要对问题进行认真调查和研究，要保证说服具有针对性，做到有的放矢。其次，在说服教育中，教师引用的事实和材料不管是直接的或是间接的，都要让学生感到真实可信，反映客观规律，符合客观实际。最后，在同类问题有相互矛盾或对立的事实时，应该引导学生以积极乐观的态度选择和对待，始终坚持坚定的政治方向和正确的价值观念，始终坚持以正面教育为主。

2. 以情感为说服的基础

教师对学生的关心和爱护是教师成功说服的基础。因此，教师要想说服教育成功，必须以真情换真情。首先，教师要真心爱护学生，深入了解学生的内心世界，关心学生的疾苦，要为学生的进步而高兴，为学生的止步不前而担忧，为学生的退步而焦虑，要让学生感到教师是真正关心他们的，这样才能架起师生之间情感的桥梁。其次，教师要尊重学生，将学生放在与己平等的地位上，尊重学生的个性，尊重学生的要求，尊重学生的人格，使学生获得尊严感，这样就会缩短师生间的心理距离。最后，教师在说服教育学生时，还要做到生动形象，动之以情，以情感人。因为人的活动都是受情感支配并推动的，只有触动了学生的真情，沟通了学生的心灵，拨动了学生的心弦，教师的教育才容易被学生接受。所以，教师应该经常引导学生学会换位思考，能够设身处地为同学或他人着想，那样，学生之间、师生之间的矛盾就会大为缓解，从而预防和减少班级偶发事件的发生。

3. 以防患于未然为说服的目的

当学生已经违反了纪律，形成了不良习惯后再纠正，不是一句话两句话就能解决问题的。因此，说服教育更应当注意以预防为主，“禁于未发”，也就是说教师的说服应当走在学生出现问题之前，当发现学生有某一问题倾向时就要针对问题说服教育学生，将问题消灭在萌芽之中。

运用说服教育法，应该避免以下几个问题。

1. 以势压人

一些班主任在进行说服教育时，自觉不自觉地就运用起自己的权威，不能心平气和地与学生沟通，而是以一种不容置疑的口吻说话。这样容易引起学生反感，从而在内心拒绝接受教育。更有一些教师摆出一副“我走过的桥比你走过的路多”、“我吃过的盐比你吃过的饭多”的架势，更是只能引起学生的轻视。这样的说服教育结果只能是说而不服，毫无作用。

2. 歪曲事实

说服教育的一个基础是事实，说服教育的目的是为了让学生明辨是非。离开了这个基础和目的，为了说服而说服，就容易本末倒置。有些班主任在进行说服教育时，为了达到说服的结果，不惜捏造事实，举一些并不存在的事例。这样至多只能起到一时的效果，一旦学生发现事实的真相，不仅会对班主任所说的事实产生质疑，对班主任也会产生深深的不信任感，最终导致教育失败。

二、幽默化解法

幽默的教师历来深爱学生欢迎，教师运用幽默的方式巧妙地应对班级偶发事件，自然达到事半功倍的良好效果。在现代社会中，没有人不喜欢与具有幽默感的人交流沟通，青少年学生尤其如此。在生活中，幽默能使人放松，放松能让人从容，从容才可能做出正确的选择。幽默是一种人生的艺术，是一种才华、一种力量、一种高度文明的象征，是一种引发喜悦和快乐的源泉，是人获得精神快感的一种行为方式，是人生智慧和技巧的一种最高表现，是自我协调和处理社会关系的灵丹妙药。幽默不单单是引人发笑，还能带给人们轻松和愉快，能把自己和他人从尴尬境遇中解救出来。幽默是一种睿智，在生活中，每一句幽默的语言都是一个可贵的闪光点。幽默是一种爱，能使充满矛盾的世界变得轻松，使人们变得愉快。幽默是对他人过失的原谅，是对周围环境的喜剧式调侃，也是对自我困境的自嘲和解脱。幽默绝对是善意的，绝不夹杂半点恶意，相反，它是对恶意的一种消解和抹平。幽默的人大都具备一种超人的洞察力，可以用一种独特的视角和心境“摆平”自己，从而泰然自若地走向坦途。

请同学们好好观察老师的龅牙

有一个班级举行晚会，生活委员买了西瓜，班主任座位前也分了一大块。班主任刚拿起西瓜,一句清晰的话传入耳中:这下,班主任的龅牙起大作用了。班主任循声望去,说这话的是平时比较调皮的一个男生,他正满脸坏笑地盯着班主任。当时因为这声音很响,大家听了之后都停了下来,教室里一片寂静。班主任灵机一动,边哈哈大笑边站了起来,说:"那就请同学们好好观察一下吧。"说完用心仔细地吃起来。班级里紧张的气氛缓和了下来,班主任发现刚才那位男生的头低了下去。班主任又说:"老天是公平的,有缺陷自然会有补偿。大家说是不是?"班级里一下子爆发出了掌声。事后,那位男生主动向班主任认了错。

运用幽默化解法应当注意以下几点。

1. 以爱为本

汤玛斯·卡来尔说过:真正的幽默从内心涌出,更甚于从头脑涌出。它不是轻视,它的精义是爱。这句话清楚地表明幽默的形成主要在于教师对学生的爱,而不在教师的理智。有这种才能的教师总能在诙谐的谈吐和机智的微笑中透露出一种关怀、理解和信任的真挚情感,也总能给学生一种学习的信心和智慧的力量。

2. 灵活运用

幽默是人类智慧、学识的综合性应用与创造性发挥,只有掌握了正确的方法,教师才能从容应对困境,营造和谐气氛,树立自我形象,从而彰显幽默的价值和意义。构成幽默的方式很多,如对照、夸张、比喻、反语、模拟等。教师应经常性地对所掌握的技巧进行综合研究和实践应用,注重各种方法的嫁接和转换,从中找出适合某一特定情况的技巧,并以此为基础来组织自己的幽默语言。

运用幽默化解法,应该避免以下几个问题。

1. 讽刺和嘲弄

幽默是一种高雅的技巧,必须运用得法、注意对象。幽默总是含蓄的,具有分寸的,适可而止的。要注意不能拿学生的缺陷与不足来"幽默",那样就成了讽刺与嘲弄。这种蹩脚的"幽默"在引起部分学生兴趣的同时,也极大地损害了另一部分学生的自尊心,甚至侮辱了他们的人格尊严,应该极力反对与禁止。自嘲是一种幽默,受人欢迎,嘲弄他人则人人唾弃。

2. “为幽默而幽默”

幽默有利于缓和冲突、化解矛盾,但我们绝不能“为幽默而幽默”。正如老舍所说:“死啃幽默总会有失去幽默的时候,到幽默论斤卖的时候,讨厌是必不可免的。”幽默不是笑话的堆积,它应该为班级管理服务,与管理目标一致。幽默材料的选择应对学生具有正面的教育意义,以防止其负面影响。

三、移花接木法

移花接木法,是指在处理班级偶发事件时,避开导致班级偶发事件产生的直接原因,不针对班级偶发事件本身进行处理,通过另辟蹊径解决矛盾冲突的方法。这种方法能够调整学生的心理状态,激发学生的情感,并从现有矛盾的消极因素中发现积极因素,完全以另一种方式来处理矛盾冲突。

很多班级偶发事件本身并不是重要的事情。不进行处理无法平息个别学生的情绪,但当时情境又不允许着手进行对班级偶发事件的调查和处理,或是这样的事件原本也不必弄个水落石出,过一段时间,这样的事件就不再成为“事件”。对此,班主任可用移花接木的方法,利用学生身上的某个“闪光点”,根据学生注意力容易发生转移的心理特征,巧妙地把对班级偶发事件的处理转移到另一件事情上去。

请你帮我把东西拿进教室,好吗?

课间,两个学生发生口角。上课铃响了,班主任劝他俩进教室。一个学生很快进去了,另一个学生因吃了亏,不愿进教室。班主任没有硬拖他进去,而是根据这位学生平时乐于助人的优点,亲切地对他说:“你看我双手拿着这么多东西,你能帮我把小黑板拿进教室吗?”这位学生看了看老师,就接过黑板走进教室。老师马上对大家说:“刚才两位同学吵了架,但是有的同学顾全大局,为了让大家上好课,还帮老师拿黑板进来,我相信他定能上好课，有问题课后解决。”后来，那位同学回到自己座位，安心地听课了。

像这样的班级偶发事件，班主任会经常碰到，其实事件已从学生之间打架转为一个学生不愿进教室。学生中的纠纷是校园生活中不可避免的一部分，且大多数纠纷可以让学生自己排解，班主任不必事事插手，插手过多反而影响学生交往能力的形成和提高。但这个例子中的事件恰恰发生在上课之前，造成尴尬的局面。这位班主任这样处理，应是最佳的方案。采用移花接木的方式，关键是要找准一个“支点”，转移要非常自然，不露斧凿的痕迹。

运用移花接木法应当注意以下几点。

1. 分清性质

这种方法并不是从根本上解决问题，而是通过转移学生的注意力来回避问题，因此只有在班级偶发事件本身微不足道的情况下才可能采用。学生事后冷静下来能够自行处理的事情，班主任才可能采用移花接木法。因此，身为班主任，必须具备良好的洞察力，能够分清班级偶发事件的性质，放过微不足道的小事，但不放过具有重大影响的大事。

2. 巧妙转移

移花接木法的关键点就在于转移注意力，这种转移必须是巧妙的，让学生感觉到非常自然，没有刻意为之的成分。只有这样，处于矛盾冲突中的各方才能心平气和地接受教师的“转移”，并且积极配合教师的工作，把矛盾冲突化于无形。移花接木法要求教师具有敏锐的教育机智，能够及时抓住转瞬即逝的机会，充分利用矛盾冲突情境下的各种有利条件，变消极为积极、变被动为主动，最终起到良好的教育效果。

运用移花接木法，应该避免以下几个问题。

1. 不分轻重

移花接木法只适用于班级偶发事件本身微不足道的情况，而不适合于具有重大影响或典型性特征的矛盾冲突。班主任在使用这种方法时，必须分清轻重。对于具有重大影响的矛盾冲突，再使用移花接木，就是在逃避问题，会留下更大的隐患。例如师生在课堂上产生冲突，以致教师无法上课这类问题，性质较为严重，可能产生恶劣影响。对于此类问题，班主任必须迅速果断采取措施，及时解决，而不能转移学生注意力了事。

2. 生搬硬套

移花接木法的妙处在于，消解矛盾冲突于无形之中，让矛盾冲突的各方在不知不觉中转移了注意力。因此，运用这一方法时，切忌生搬硬套，强行转移注意力。这样，即使矛盾冲突各方暂时转移了注意力也难以心平气和，实现不了移花接木的原本目的，甚至连注意力也转移不了，反而激发矛盾。班主任必须具有深刻的洞察力，能够对学生了如指掌，这样才能避免生搬硬套，做到巧妙转移。

四、以退为进法

所谓以退为进法，就是先忍让一步，给学生充分表达和发泄的机会，然后接过对方话茬，或借助一个事件，让学生自己明白道理，甚至主动寻找解决问题的方法。许多班级偶发事件，事情本身并不大，但需要处理。此时，班主任可不必急于解决，而是巧妙地反过来把事情抛给学生处理。以退为进，不是不处理，而是充分地相信学生，引导学生自我教育、自我管理，从而达到自我提高的目的。

对不起，我没能做好一个班主任

有一位男生，几乎班级里每一次恶性事件都有他的份。一次，他又出人意料地带来了一只小蜥蜴，趁老师转身板书的时候把它放到了讲台上，把女老师吓得从教室里跑了出来。班主任把他找来，对他说："我实在对不起你，我几乎用尽了所有办法但仍不能使你做得好一点，这次看来是要开除了，我实在太对不起你了，我没能做好一个班主任该做的，请你原谅。"这位男生听后大为震惊，竟然流下眼泪来，说对不起班主任，老是故意跟班主任作对，请班主任原谅他。班主任说："既然如此，祸是你闯的，除非你把这件事处理好，我可以再为你做一次担保。"第二天，这位男生先是主动地向那位女老师道了歉，之后主动去向学校管德育的领导作了检讨。

在这个案例中，班主任没有对学生的违纪行为进行直接批评，而是开展自我批评，给学生带来了很大的触动，起到了意想不到的良好效果。

运用以退为进法应当注意以下几点。

1. 进退得时

运用这一方法时，进退之间都是教育和管理的良好机遇。何时退一步，何时进一步，需要班主任根据具体的情况灵活把握。及时的“退一步”，既可以给学生留下思考的空间，又可以给教师自己留下缓和的余地。及时的“进一步”，就能把握教育的最佳良机。

2. 进退有度

教师对学生的退让，不是无原则的回避，而是为了寻找最佳的教育时机。对于许多涉及原则性的问题，班主任必须做到寸步不让。只有对那些学生能够通过自己思考得出结论的问题，班主任才可以适度退让。同样的道理，在学生醒悟以后，班主任对学生的要求和指导必须适可而止，把更大的空间留给学生。

运用以退为进法，应该避免以下几个问题。

1. 无原则地退让

班主任对学生的退让，目的是为了给学生思考和自我教育的时间和空间。有时学生并不理解班主任的良苦用心，或者即使明白了仍然执迷不悟，这个时候再作退让就毫无意义。班主任对学生的退让必须在一定的程度和范围之内，这样才能起到教育和管理作用。

2. 无止境地要求

学生的转变需要一个过程，有的快一些，有的慢一些。在学生醒悟之后，班主任虽然要趁热打铁，在思想上进一步促进学生的提高，但是在行为上不能要求过多，以免给学生造成过大压力。班主任应该给学生充分的时间，去消化吸收思想上转变的成果，逐步养成良好的行为习惯。

五、推己及人法

推己及人法，是指在班级管理的过程中，教师把学生违反纪律的情形施加到他们自己身上，以产生教育和管理效果的方法。“己所不欲，勿施于人”，“己欲立而立人”，这种推己及人的思想早就得到提倡。然而，真正做到这一点较为不易。推己及人法针对学生经常以自我为中心、难以换位思考的特点，充分激发学生的同情心，引起他们深刻的反思，起到良好的自我教育作用。

班主任在课堂上吃口香糖

近日，我发现许多同学上课吃口香糖，其中还有班干部。上课不许吃东西，这是连小学生都知道的，而我的学生已是十四五岁的中学生。这件事，我明里暗里不知讲过多少遍，有时在上课时还指名道姓地批评了有关同学，但事情远不如我所想象的那样能简单解决。经过思考，我想出了一个新办法，决定上一节特殊的班会课。

一天，我嚼着口香糖走进了教室。同学们见此情景，脸上露出诧异的神情，纷纷交头接耳，议论起来。说话的声音尽管很小，但我还是能听出他们所说的话。然而，我全然不顾，还故意边嚼边说……见时机差不多了，我说："现在请大家每人拿出一张纸，以无记名方式评价我在今天班会课上的形象。"很快纸条收上来了，有的同学说：老师吃口香糖上课，这是不尊重我们，不拿我们当回事。有的说：就是再爱吃口香糖，也应该回办公室吃，怎么可以上课吃呢？还有的说：老师，您今天的举动太出乎我们的意料了，破坏了您在我们心目中的美好形象。这些看法我都一一公之于众。

我发现平时不善言辞的学生，这次也发表了自己的看法，写了满满一大张纸。当然，其中也包括平日里大大咧咧习惯在课内课外吃零食的同学和班干部。见同学们发泄得差不多了，我说："同学们对老师今天的行为非常不满意，这说明你们有着很强的判断是非的能力，我非常高兴，请大家永远记住老师上课吃东西带给你们的感受。"这时，我故意举起了同学们写的一叠纸，在全班同学面前晃了几晃。"那么你们知道为什么我要在课上吃口香糖吗？我们班有一些同学上课吃口香糖，其中还有班干部，你们想过没有同学上课吃东西给老师什么感受呢？刚才你们批评、指责我的话，是不是可以对自己讲呢？”说到这里，有的同学脸红了，低下了头，有的同学恍然大悟，点了点头，教室里安静极了。不需要再说什么，此时无声胜有声，让同学们自己去完成自我“洗礼”吧！我相信他们有这个能力。从此以后，上课吃口香糖的现象再没出现过。

这个案例就是推己及人法的一个成功范例。案例中的“我”（班主任）曾经运用过说服教育法，但是效果不佳。而通过推己及人法的运用，让学生有了切身的体会，激发了学生的同情心，引发了他们的思考，从而在根本上解决了问题。

运用推己及人法应当注意以下几点。

1. 要激发学生的情绪

只有对自己身上的某些行为产生厌恶和反感的情绪，才会对身受其害的老师和同学产生同情心，才可能与这些行为彻底“决裂”。学生往往难以意识到自己的行为给老师和其他同学带来的困扰，教师必须通过有意设置情境，让学生亲身体会那些行为造成的负面影响，从而激发学生厌恶和反感的情绪，激发出学生的同情心，最终起到积极的效果。

2. 要引起学生的反思

任何事情，一旦经过认真思考，就容易留下深刻印象。反思自身，更属难能可贵。当学生在教师的引导下，开始反思自己的言行时，他们对自己的行为就会有完全不同的看法，并做出相应的改变，彻底抛弃从前错误的做法。教师可以通过对学生不良行为的模仿，及时有效的语言提示等方式，引导学生积极进行反思。

运用推己及人法，应该避免以下几个问题。

1. 偏离教育和管理目标

推己及人只是一种方法，而不是目的。无论采取什么具体的行为，都应该与班级管理目标一致，有利于促进学生的身心发展。教师在采取这一方法时，切记不可纯粹为了刺激学生，引起了学生的厌恶和反感，却没有激发学生的同情心和反思，最终必然事与愿违，导致师生关系紧张，矛盾更为尖锐和突出。

2. 对学生造成伤害

并不是所有学生的违规行为都可以通过推己及人法来处理。学生相当多的行为,具有一定的危险性,容易对他人造成身心伤害。对于这类行为,教师不能轻易模仿,以避免给学生造成伤害。所以,应用推己及人法时,必须慎重考虑,仔细掂量,确保安全。

以上各种方法,没有哪一种方法是最好的方法,不同的方法适用于不同的情况。班主任在处理班级偶发事件的时候,必须根据具体情况,从实际出发,选择最合适的方法。班主任具有不同的优势,有些人擅长说理,有些人长于设置情境,有些人具有很高的权威。这些不同都会影响处理班级偶发事件的方法的效果。班主任在处理具体问题时,必须选择最适合自己的方法。只有综合运用多种方法,才能更好地处理班级偶发事件。

主要参考文献

[1]白铭欣.实用班主任学[M].南京:江苏教育出版社,2007.

[2]孙培青.中国教育史[M].上海:华东师范大学出版社,1992.

[3]马卡连柯.马卡连柯全集[M].北京:人民教育出版社,1956.

[4]何万国.现代班主任工作研究[M].成都:西南交通大学出版社,2009.

[5]张民杰.班主任工作理论与实务[M].上海:华东师范大学出版社,2008.

[6]田恒平.班主任理论与实务[M].北京:首都师范大学出版社,2010.

[7]林冬桂.班级教育管理学[M].广州:广东高等教育出版社,1999.

[8]吴康宁.教育社会学[M].北京:人民教育出版社,1998.

[9]吴明乾.班主任对班级活动的设计与组织[M].哈尔滨:北方文艺出版社,2008.

[10]吴志宏.教育管理学[M].北京:人民教育出版社,2006.

[11]李健民.班主任工作心理学[M].北京:学苑出版社,1996

[12]王一军,李伟平.班级活动设计与组织实施[M].北京:教育科学出版社,2007.

[13]联合国教科文组织国际教育发展委员会.学会生存——教育世界的今天和明天[M].北京:教育科学出版社,1996.

[14]李镇西.做最好的班主任[M].桂林:漓江出版社,2008.

[15]魏书生.班主任工作漫谈[M].桂林:漓江出版社,2007.

[16]陈文斌.班主任工作要求与工作基本规范[M].哈尔滨:北方文艺出版社,2008.

[17]黄静华.班主任日记[M].上海:上海教育出版社,2004.

[18]吴秋芬.班级管理[M].合肥:安徽大学出版社,2002.

[19]钟启泉.班级管理论[M].上海:上海教育出版社,2001.